Martin Auerswald · Gesund mit fermentiertem Gemüse

Martin Auerswald

Gesund mit fermentiertem Gemüse

Für mehr Wohlbefinden und eine starke Immunabwehr

herbig

Bildnachweis
Mit 18 Fotos von Shutterstock und 3 Fotos von AdobeStock.

Impressum
Umschlaggestaltung von STUDIO LZ, Stuttgart, unter Verwendung von 7 Fotos von iStock und 1 Foto von Shutterstock.

Unser gesamtes Programm finden Sie unter **kosmos.de/herbig.**

MIX
Papier | Fördert gute Waldnutzung
FSC® C014138

Gedruckt auf chlorfrei gebleichtem Papier

Pfizerstraße 5–7, 70184 Stuttgart
kosmos.de/servicecenter

ISBN 978-3-96859-048-6
Projektleitung: Ramona Kapp
Redaktion: Ulrike Burgi, Köln. www.lektorat-burgi.de
Gestaltungskonzept, Gestaltung und Satz: DOPPELPUNKT, Stuttgart
Produktion: Vanessa Frömmig
Druck und Bindung: Finidr, s.r.o., Český Těšín
Printed in The Czech Republic / Imprimé en République Tchèque

Inhalt

Vorwort

In meinem Masterstudium der Molekularen Biotechnologie habe ich gelernt, wie ich Mikroorganismen so manipulieren kann, dass sie in großen Gärbottichen mit mehreren Zehntausend Litern Inhalt genau das produzieren, was ich gerade wollte – Vitamine, Medikamente, Antikörper, Feinchemikalien. Parallel dazu habe ich die Biotechnologie »in den eigenen vier Wänden« für mich entdeckt, heißt: die Fermentierung. Viele Prinzipien sind ähnlich – doch bei der Fermentation zu Hause benötigen Sie kein Studium, keine teure Ausrüstung und auch keine genmanipulierten Spezialbakterien. Sie können mit nur wenig Zubehör und wenigen Zutaten starten, ohne viele Kosten und viel Aufwand, und es kann richtig viel Spaß machen. Nicht nur die Zubereitung, sondern auch die Fermentation selbst ist so interessant und vielseitig, dass wir in diesem Buch davon erzählen möchten.

Mit einer Fermentation schaffen wir für Mikroorganismen, die mit uns in Einklang (in Symbiose) leben, die perfekten Bedingungen, damit sie »ihr Ding machen« können. Sie stellen aus den Rohmaterialien ein lebendiges, sprudelndes, leckeres und gesundes Ferment her. Sowohl die Mikroben als auch das Ferment selbst verändern sich in kurzer Zeit, und es entsteht etwas komplett Neues. Etwas Sprudelndes, Leckeres und sehr Gesundes.

Der große Gewinner sind Sie! Sie können nach Lust und Laune experimentieren, wenn Sie gewisse Grundlagen und Standardmethoden kennen. Diese lernen Sie in diesem Buch. Sie finden dabei ein neues Hobby, tun sich und Ihren Mitmenschen mit gesunden und leckeren Fermenten etwas Gutes, machen Ihr frisches Gemüse länger haltbar – und das ohne viel Aufwand. Ein Gewinn auf ganzer Linie! Nach Lesen dieses Buches werden Sie genau wissen, was es mit Fermentation auf sich hat, wie Sie bei sich zu Hause selbst fermentieren können – und bekommen ein paar meiner Lieblingsrezepte mit auf den Weg.

Zunächst erkläre ich, was Fermentation ist, was dabei passiert, und gehe ein wenig auf die wahnsinnig interessante Geschichte der Fermentation ein. Auch die gesundheitlichen Vorteile von Fermenten werden ausführlich diskutiert.

Danach bekommen Sie die Grundlagen für die Wilde Fermentation. Was müssen Sie über Starterkulturen wissen, welche Ausrüstung und Zutaten werden benötigt? Wie schaffen Sie in Ihrer Küche die nötige Hygiene zur Fermentation? Wie starten Sie Ihre erste Fermentation? Danach werden keine Fragen mehr offen sein!

Schließlich zeige ich Ihnen die Standardvorgehensweisen für die Fermentation im eigenen Saft und in Salzlake, und Sie bekommen viele Rezepte an die Hand, die Ihnen zeigen, wie Sie variieren, experimentieren oder auch völlig neue Lebensmittel erschaffen können.

Ich möchte Sie einladen, mit mir diesen Weg zu gehen und die Welt der Mikroben und Wilden Fermente zu entdecken!

Martin Auerswald
Biochemiker, Ernährungsberater, Autor, Gründer *SchnellEinfach-Gesund.de, https://schnelleinfachgesund.de/*

Fermentieren – eine Einführung

An was denken Sie, wenn Sie den Begriff »fermentieren« hören oder lesen? Fallen Ihnen auch Gedanken (und damit Erlebnisse oder vielleicht sogar Gerüche) ein wie

- Omas selbstgemachtes Sauerteigbrot?
- der leckere Kefir im Urlaub in Osteuropa?
- die saure Milch aus der Milchtüte?
- Ihre eigene Verdauung?
- Käsefüße und Schweißgeruch nach dem Sport?
- Bier, Kombucha und andere prickelnde Getränke?
- das Sauerkraut zur Bratwurst?

All diese Erinnerungen haben etwas mit Fermentieren zu tun. Unter »Fermentation« wird der Prozess verstanden, bei dem Mikroorganismen oder Enzyme aus einem Rohstoff (Substrat) ein Produkt herstellen. Und da es Millionen verschiedener Mikroorganismen auf dem Planeten gibt und alle möglichen Substrate zur Fermentation geeignet sind, gibt es auch viele Produkte.

Fermentation kann ein bewusster und geplanter Prozess sein, oder es ist ein »Versehen«. Eigentlich sind alle fermentierten Produkte, die wir heute kennen, beim ersten Mal ein Versehen gewesen – das sich dann bewährt und durchgesetzt hat. Mein Professor in Lebensmittelmikrobiologie nannte die Fermentation zum Beispiel das »kontrollierte Vergammeln« von Lebensmitteln. Genau das passiert: Ein Lebensmittel wird kontrolliert

^ Einfach nur köstlich: fermentiertes Gemüse

bestimmten Mikroorganismen ausgesetzt, welche das Lebensmittel dann umwandeln. Dabei können Stoffe und Produkte entstehen, die gewollt sind – und solche, die nicht gewollt sind.

Damit eine Fermentation erfolgreich verläuft, müssen drei Dinge geschehen: Die a) richtigen Mikroorganismen müssen auf das b) richtige Substrat treffen und die c) richtigen Bedingungen vorfinden. Wenn in dieser kurzen Kette ein Fehler auftritt, hat man am Ende nicht das, was man gerne haben möchte: Lagert das Kraut zu warm, wachsen dort nicht die Milchsäurebakterien, sondern Schimmelpilze, und es entsteht kein Sauerkraut, sondern Gammelkraut. Lagert der Kombucha während der Fermentation zu warm, entsteht kein prickelndes Erfrischungsgetränk mit 0,5 % Alkohol, sondern ein prickelndes Feiertagsgetränk mit bis zu 12 % Alkohol –, weil die Hefen zu dominant geworden sind. Ein weiteres schönes Beispiel: Trifft der Schimmelpilz *Penicillium camemberti* auf Dickmilch, entsteht ein schöner Blauschimmelkäse, den man durchaus als gesund bezeichnen kann. Trifft dieser Schimmelpilz auf ein Stück Brot, entsteht blaues, schimmeliges Brot – das bei Verzehr gefährliche Vergiftungserscheinungen hervorrufen kann.

Das soll Sie nun nicht abschrecken, sondern zeigen, dass Fermentation nur funktioniert, wenn diese drei Voraussetzungen gegeben sind:

a) Richtige Mikroorganismen (Starterkultur)
b) Richtiges Substrat
c) Richtige Bedingungen

Wenn Sie dies beachten, sollte Ihren eigenen fermentierten Produkten nichts mehr im Wege stehen!

Fermentierte Lebensmittel

»Kontrolliertes Vergammeln« kann viele Gesichter haben. Nehmen Sie sich bitte einen Zettel und einen Stift und notieren Sie alle fermentierten Lebensmittel, die Sie kennen. Nehmen Sie sich ruhig drei Minuten Zeit dafür. In der Zwischenzeit schwelge ich ein wenig in Erinnerungen ...

In meinem Masterstudium in Molekularer Biotechnologie durfte ich lernen, wie man fermentiert – im kleinen Maßstab von wenigen Litern bis hin zu Gärbottichen mit mehreren Tausenden Litern Inhalt. Mithilfe der Gentechnik lernte ich, Mikroorganismen so zu verändern, dass sie genau das herstellen, was aktuell gebraucht wird. Meistens wurden Medikamente gebraucht. Da ich mich aber immer mehr für Ernährung und natürliche Gesundheit interessierte, wechselte ich in die Lebensmittelmikrobiologie. Inzwischen zeige ich, was Fermentation so besonders macht und wie jeder zu Hause – ohne teure Ausstattung oder ein fünfjähriges Studium – fermentieren und blubbern kann.

So, die drei Minuten sind um – was steht auf Ihrem Zettel?

Hier ein paar Vorschläge:

Bier	Wein	Essig	Kwass	Kombucha
Kefir	Wasserkefir	Kaffee	Schwarztee	Pu-Erh-Tee
Schokolade	Joghurt	Buttermilch	Käse	Quark
Sauermilch	Laktosefreie Milch	Pfefferkuchen	Sauerteigbrot	Schinken
Kapern	Oliven	Essiggurken	Miso	Natto
Sauerkraut	Kimchi	Sojasauce	Quorn	Xylit
Salsa	Torshi	Ceviche	Salami	Senf

Sicherlich sind dort einige Lebensmittel aufgelistet, die Sie überraschen. Vieles von dem, was wir täglich so essen, ist durch Fermentation entstanden. Sicher hatten Sie Kaffee, Schokolade und Salami nicht auf Ihrer Liste, oder? Tatsächlich waren auch hier Fermentationskräfte am Werk. Mein vorhin zitierter Professor fasste das sehr schön zusammen: »Die meisten aromatisch interessanten Lebensmittel in unserem Alltag sind durch Fermentation entstanden, denn aus einem Rohstoff mit begrenztem Aromapotenzial stellen die vielen Mikroorganismen, die es gibt, unendlich viele Folgestoffe her.«

In diesem Satz stecken zwei Wahrheiten: Zum einen, dass die aromatischsten Lebensmittel in unserem Ernährungsalltag fermentiert sind, zum anderen, dass manche dieser Lebensmittel noch lebendige Mikroorganismen enthalten (z. B. Joghurt), manche nicht (z. B. Schokolade).

Kontrollierte Fermentation ist in vielerlei Hinsicht ein biologisches Upgrade für das jeweilige Lebensmittel: Es wird nicht nur schmackhafter, sondern oftmals auch bekömmlicher, nährstoffreicher, vielseitiger einsetzbar und haltbarer. Dabei hatte die Fermentation ursprünglich nicht den Zweck, Lebensmittel »aromatischer« zu machen.

Sonderstellung fermentiertes Gemüse

Fermentiertes Gemüse nahm bis zur Erfindung des Kühlschranks eine lebenswichtige Funktion für die Menschen in unseren Breitengraden ein: Der Prozess des Fermentierens war die wichtigste Möglichkeit, Gemüse für den Winter haltbar zu machen und die wertvollen Nährstoffe zu erhalten.

In unseren Breitengraden wächst im Winter nur begrenzt Gemüse, und der Zugang zu solchem war auch nicht jedermann

vergönnt. Durch die Fermentation konnten Familien bis in die Neuzeit sicherstellen, während der Wintermonate stets Gemüse vorrätig zu haben, um Stoffwechsel und Abwehrkräfte zu stärken sowie einer Krankheit vorzubeugen, die als Skorbut bekannt ist. Skorbut ist eine Vitamin-C-Mangelerkrankung, die nach etwa 60 Tagen Vitamin-C-Abstinenz eintritt und mit blutendem Zahnfleisch, Zahnausfall und bleierner Müdigkeit beginnt und mit dem raschen Tod endet. Skorbut raffte Tausende Seefahrer im Laufe der Menschheitsgeschichte dahin. Besonders zu Beginn der Neuzeit, als spanische und portugiesische Galeeren die Weltmeere erkundeten und Kolonien gründeten, waren die Seemänner oftmals monatelang auf offener See unterwegs. Die übliche Ernährung: Trockenfleisch und Rum. Von Vitamin C keine Spur.

Zufällig entdeckte ein besonders findiger Mannschaftsarzt, dass Skorbut mit Sauerkraut vorgebeugt und »geheilt« werden konnte. Er mutmaßte, dass irgendetwas im Sauerkraut enthalten sein muss, was die an Skorbut Erkrankten dringend brauchten. Dieser Stoff wurde später als Vitamin C beschrieben. Großes Erstaunen ging durch die Wissenschaftswelt, als bekannt wurde, dass Sauerkraut mehr Vitamin C enthält als der Rohstoff, Weißkohl. Heute wissen wir, dass bei der Fermentation und Haltbarmachung lebenswichtige Nährstoffe von den kleinen Helferlein gebildet werden. Insofern ist die Gemüse-Fermentation also wirklich ein biologisches, leckeres und spannendes »Upgrade« und bis zum heutigen Tag relevant!

Ein Blick in die Geschichte des Fermentierens

Wahrscheinlich war jedes Ferment, das wir heute kennen, ursprünglich mal ein Unfall. Ein Lebensmittel »vergammelte«, und man bemerkte, dass das entstandene Produkt bessere Eigenschaften hatte als das ursprüngliche. Neben Geschmack, Konsistenz und Bekömmlichkeit war es besonders die Haltbarkeit, die den Durchbruch für Fermente brachte. Denn bis vor 100 Jahren hatten die Menschen nur begrenzte Möglichkeiten, Lebensmittel haltbarer zu machen. Ein kühler Keller war sicher hilfreich, aber wie sollten leicht verderbliche Lebensmittel wie Milch, Fleisch oder Gemüse haltbar gemacht werden?

Denken wir an die Zeit, als es noch keine Supermärkte gab, bei denen nach Gusto ein Steak oder ein Kilogramm Hackfleisch, eine Packung Milch und Gemüse eingekauft werden konnten. Früher waren die gesellschaftlichen Strukturen dezentral und an einen Hof, ein Gehöft oder einen Markt gekoppelt. Was es zu essen gab und wie viel, war von den Jahreszeiten abhängig und von praktischer Verfügbarkeit – wenn ein Tier geschlachtet wurde, stand schlagartig viel »Material« zur Verfügung, und dieses musste dann so schnell wie möglich zubereitet, verkauft/verteilt oder haltbar gemacht werden, bevor es zu echtem (und gefährlichem) Verderb kommen konnte. Die Fermentation war somit eine der wichtigsten Möglichkeiten, leicht verderbliche Lebensmittel haltbar zu machen, um für schlechte Zeiten einen Vorrat zu haben und um die Zukunft planbarer zu machen.

In jeder antiken Kultur weltweit gibt es Hinweise auf Fermentation, wobei die frühesten von 10.000 bis 15.000 v. Chr. reichen (Ozen & Dinleyici, 2015). Noch vor Beginn der Sesshaft-

^ Die Entstehung von Joghurt war wohl eher zufällig.

werdung und des Ackerbaus haben Menschen folglich begonnen, Lebensmittel in Tonkrügen speziell vorzubereiten und sie kontrolliert vergammeln zu lassen – damit sie nicht unkontrolliert vergammelten. Neben der Haltbarmachung von Milch, Obst oder Gemüse gehört besonders die Herstellung von Bier und Wein zu den ältesten Fermentationstechniken. Womöglich haben die Menschen damals eher zufällig bemerkt, dass alte Früchte, wenn sie nur lange genug auf dem Boden lagen, einen anderen Geschmack annahmen und eine berauschende Wirkung bekamen. Gleiches gilt für Getreidebrei, der mithilfe von Wilder Hefe zu einer Art Bier vergoren wurde. Zuerst geschah dies vermutlich rein zufällig. Wollte man gerne regelmäßig in den Genuss kommen, wurden Techniken erprobt, um die Natur zu imitieren. Einige Historiker munkeln sogar, dass der Mensch nicht etwa sesshaft wurde und Getreide kultivierte, um Brot zu backen –, sondern um einen regelmäßigen Strom an Getreidekörnern für das Brauen von Bier und Wein zu haben (Kan, 2010).

Doch zurück zur Haltbarmachung: Besonders wichtig war dieser Aspekt bei tierischen Lebensmitteln wie Milch und Fleisch, da diese leicht verderben und der Verzehr von verdorbenen Produkten tödlich sein kann, wenn Keime wie *Clostridium botulinum* ans Werk gegangen sind. Sie kennen diesen Keim möglicherweise wegen des Botulismus-Toxins (Botox). Bei Botox handelt es sich um die giftigste bekannte Substanz auf dem Planeten. Einem Verderben mit diesem Keim können Sie effektiv vorbeugen, indem Sie das jeweilige Lebensmittel mit einer ordentlichen Portion Salz einreiben – Clostridien mögen nämlich kein Salz!

Vergorene Lebensmittel aus Milch wurden wahrscheinlich auch zufällig entdeckt: Hirten in den Bergen von Bulgarien kehrten jeden Abend mit reichlich Milch von den Weidetieren zurück. Die Milch transportierten sie in großen Lederschläuchen. Irgendwann bemerkte ein Hirte, dass sich die Milch während seiner Rückreise zu Dickmilch und dann zu Joghurt »weiterentwickelt« hatte – in seinen Lederschläuchen hatten sich Milchsäurebakterien eingenistet und die Milch vergoren. Dadurch, dass die Lederschläuche eng am Körper getragen wurden, hatten es Milch und Bakterien angenehm warm – der erste Joghurt war geboren. Tatsächlich gehen die Hinweise für die erste Joghurt-Herstellung auf 4.000 v. Chr. im alten Indien zurück (Fisberg & Machado, 2015). Vor 5.000 Jahren wurde im alten Babylon bereits Käse hergestellt, und die alten Ägypter waren für ihr Sauerteigbrot ebenso bekannt wie für diverse Biergetränke. In Japan und Korea tauchte Kombucha erstmals um 200 v. Chr. auf, in Mexiko wurden die ersten Wasserkefir-Kristalle der Überlieferung nach auf Opuntien-Kakteen entdeckt, als sie das Zuckerwasser, das die Kakteen ausschwitzten, vergoren.

Für jedes bekannte Ferment könnte eine eigene Geschichte erzählt werden – einige wurden zufällig entdeckt, meistens war es ein Versehen, und sicher sind im Laufe der Geschichte unzählige Menschen beim Versuch, zwischen kontrolliertem und unkontrolliertem Verderb zu unterscheiden, gestorben. Heute haben wir glücklicherweise nicht nur die Möglichkeit, Lebensmittel und Rezepte aus aller Welt zu importieren, sondern auch die Sicherheit beim Fermentieren, dass es nicht zum Verderb kommt. Saubere, sterile Glasgefäße waren in der Menschheitsgeschichte ebenso Luxusware wie Salz – für uns heute ganz selbstverständlich.

Von Präbiotika, Probiotika und Postbiotika: Was macht Fermente so gesund?

Kommen wir zu einem wichtigen Punkt: Was haben Fermente und Ihr Dickdarm gemeinsam? Eine vielleicht seltsam anmutende Frage – tatsächlich aber gibt es viele Gemeinsamkeiten:

Beide sind voller lebendiger Mikroorganismen, die Lebensmittel oder Teile daraus vergären, um sie aufzuwerten, bekömmlicher zu machen oder Nährstoffe zu produzieren, damit der Körper sie verwerten kann. Aufgrund dieser Gemeinsamkeiten der ähnlich ablaufenden Prozesse sind Fermente besonders für den Darm eine echte Wohltat – dies werden wir uns in einem späteren Kapitel genauer ansehen.

Zunächst möchte ich einige wichtige Begriffe erläutern, die in diesem Buch immer wieder vorkommen. In diesem Zuge werde ich auch erklären, warum Fermente durch ihren Gehalt an Präbiotika, Probiotika und Postbiotika so gesund sind.

Als Mikrobiom bezeichnen wir die vielen Helferlein im Dickdarm, umgangssprachlich auch als »Darmflora« bezeichnet. Doch »Flora« impliziert eine pflanzliche »Bevölkerung«, keine mikrobielle – weswegen Mikrobiom korrekter ist. Im Dickdarm also geht es hoch her, auf kleinstem Raum tummeln sich etwa so viele Mikroben, wie es menschliche Zellen gibt, etwa 30 bis 40 Billionen.

Präbiotika

Präbiotika (von lat. »pre« = »vor« und »bio« = »Leben«, sprich: »vor dem Leben«) beschreiben für unseren Körper unverdauliche Faserstoffe, die jedoch für unser Mikrobiom ein gefundenes

Gut zu wissen

In einem Tropfen Dickdarminhalt finden sich mehr Mikroorganismen als Menschen auf der Erde – faszinierend, oder? Unter anderem dieser Fakt hat mich dazu bewegt, Biochemie zu studieren und später Biotechnologie. Ich wollte wissen, was sich da tummelt und was passiert, wenn Bakterien und Pilze »arbeiten«.

Fressen sind: Die Faserstoffe dienen den »guten« Mikroorganismen als Nahrungs- und Lebensgrundlage. Und sie revanchieren sich für die gute Verpflegung, wie wir noch sehen werden. Daher auch der Begriff »Präbiotika« – sie enthalten per se nichts Lebendiges, sind aber Ausgangsstoff und Nahrungsgrundlage für lebendige Organismen in unserem Darm. Alle Präbiotika sind Ballaststoffe, aber nicht alle Ballaststoffe sind auch Präbiotika. Es gibt Ballaststoffe in unserer Nahrung, welche völlig unverdaut ausgeschieden werden.

Die wichtigsten Faserstoffe in unserer Nahrung finden wir in Lebensmitteln, welche als »gesund« und »pflanzlich« gelten: Obst, Gemüse, Beeren, Pilze sowie Wildkräuter. In diesen Pflanzen sind Ballaststoffe für die Struktur der Zellen und der ganzen Pflanze zuständig. Es handelt sich bei Ballaststoffen um komplexe Moleküle aus vielen Tausenden Einzelbestandteilen. Um diese Riesenmoleküle in ihre Einzelbestandteile zu zerlegen, werden bestimmte Enzyme benötigt, die wir Menschen in unserer Darmflora haben. Die Versorgung des Körpers ist ein solches Wunderwerk! Im Dünndarm nimmt sich unser Körper alles, was er verwerten kann, aus der Nahrung; was übrigbleibt, wird in den Dickdarm weitergereicht und dort weiterverarbeitet. Das ernährt die Darmflora – und über die Bildung von Postbiotika (aus den Präbiotika) den gesamten Körper, uns Mensch.

Gut zu wissen

Die löslichen Ballaststoffe, die wir in Obst, Gemüse, Beeren, Pilzen und Hülsenfrüchten finden, sind ernährungsphysiologisch gesehen noch wertvoller als die Ballaststoffe in Vollkorngetreide. Vollkorngetreide hat, sofern es sich nicht um Sauerteigbrot handelt, ein Problem in Sachen Bekömmlichkeit, und ist nicht so nährstoffreich wie oft behauptet. Ich empfehle daher den Verzehr von Vollkorngetreide nicht so breit wie den von Obst und Gemüse.

Faserstoffe sind in der Regel komplexe Kohlenhydrate mit fantastischen Namen: Glucan, Arabinogalactan, Xylan, Inulin oder Hemicellulose, um nur einige zu nennen. Jede Pflanze enthält eigene Faserstoffe und Kompositionen – so können Pflanzen im Labor allein anhand ihrer Ballaststoffe zugeordnet werden. Daher ist eine große Vielfalt an Lebensmitteln in unserer Ernährung auch so wichtig, da sie eine große Vielfalt an Ballaststoffen mit sich bringt und Lebensgrundlage für eine große Diversität in der Darmflora bedeutet. Die Realität sieht eher anders aus: Die meisten Menschen in der westlichen Welt ernähren sich hauptsächlich von zwölf Grundnahrungsmitteln, darunter überwiegend Getreide – während heute noch lebende Naturvölker Hunderte verschiedene Nahrungsmittel auf ihrem Speiseplan haben und ihre Darmflora entsprechend divers und gesund ist.

In Fermenten sind jedoch nicht nur die Faserstoffe aus den Ausgangsstoffen erwähnenswert, sondern auch die von den Mikroorganismen während der Fermentation gebildeten Ballaststoffe. Denn die meisten Mikroorganismen, über die wir hier noch sprechen werden, schwimmen nicht frei in Flüssigkeiten oder sitzen auf einem Kohlblatt im Gärglas – sie haben es gerne gemütlich und tun sich mit ihren Artgenossen in Lebensgemeinschaften zusammen.

Um einen guten Halt zu haben und sich in Ruhe vermehren zu können, bilden die Mikroorganismen eigene Ballaststoffe, die nach Verzehr des Ferments wiederum Nahrungsgrundlage für andere Organismen in unserem Darm sein können. Je nach Ferment gibt es für diese Ballaststoffe verschiedene Namen: Im Kombucha etwa heißen sie Kombuchan und beherbergen verschiedene Milchsäure- und Essigsäurebakterien sowie Hefen. Im Kefir heißt es Kefiran. Auch diese Ballaststoffe gehen in die Gleichung mit ein und machen Fermente so gesund.

Haben die Mikroorganismen in unserem Darm zu wenig zu fressen, produzieren sie nicht nur entsprechend weniger Postbiotika wie Neurotransmitter und Vitamine – sie vermehren sich auch weniger und ermöglichen so Schadkeimen, sich anzusiedeln. Das erklärt auch, warum ausreichend Ballaststoffe zu einer gesunden Ernährung wie der Tannenbaum zu Weihnachten gehören – die Deutsche Gesellschaft für Ernährung und andere Ernährungsorgane in Deutschland empfehlen mindestens 30 g Ballaststoffe täglich. Ich würde sogar noch weiter gehen und als Minimum 50 g festlegen. Mit dieser Menge ist eine ausreichende Sättigung der Darmflora gewährleistet, außerdem tragen Ballaststoffe zur Stabilisierung des Blutzuckers nach einer großen

‹ Brot aus Sauerteig ist äußerst bekömmlich.

Mahlzeit bei. Durch ihre verschiedenen gesundheitlichen Vorteile helfen Ballaststoffe bei der Prävention vieler sogenannter Zivilisationskrankheiten, darunter Diabetes Typ 2, Bluthochdruck, Autoimmunerkrankungen, Dickdarmkrebs und Depressionen.

Werden Sie Sammlerin und Sammler von Ballaststoffen!

Ein paar Inspirationen und Beispiele für gesunde Ballaststoffquellen:

- Zwei EL Leinsamen zum Frühstück in den Joghurt = 6 g Ballaststoffe
- Dazu 30 g Haferflocken, ein Apfel und eine Handvoll Beeren = 15 g Ballaststoffe
- Mittags ein Teller Linseneintopf mit Würstchen und Sauerkraut (selbst gemacht) = 25 g Ballaststoffe
- oder ein Kartoffelgratin mit Brokkoli und einem kleinen Salat = 13 g Ballaststoffe
- Zwischendurch ein Glas Kombucha oder Kefir = 3 g Ballaststoffe
- 2 Stück dunkle Schokolade = 4 g Ballaststoffe
- Abends Rohkoststicks aus Karotten und Gurke, dazu ein Hummus-Dip aus Kichererbsen = 15 g Ballaststoffe

So addieren sich an einem normalen, gesunden Tag schnell über 50 g Ballaststoffe auf. Wenn Sie zu jeder Hauptmahlzeit auf eine Gemüsebeilage und Fermente achten, zu Obst und Beeren als Snack greifen und Leinsamen und Hülsenfrüchte öfter verwenden, reicht das bereits aus. Eine gesunde Ernährung ist kein Hexenwerk, sie ist die Summe einzelner, gesunder Mahlzeiten.

Probiotika

Probiotika sind lebendige Mikroorganismen. Sie finden sich in Lebensmitteln, die die Magen-Darm-Passage überleben und sich im Dickdarm ansiedeln können. Sie ergänzen unsere Darmflora oder strukturieren im Falle einer Fehlbesiedlung oder Infektion die Darmflora um. Probiotika machen Fermente zu lebendigen Superfoods, die den Namen »Super-Nahrung« auch tatsächlich verdienen.

Natürlich überleben nicht alle Mikroorganismen aus einem Ferment die Magen-Darm-Passage. Enzyme im Speichel, die Magensäure, und dann die Verdauungssäfte und Galle im Dünndarm sind kein Zuckerschlecken. Aber die Mikroorganismen, die es bis zum Dickdarm geschafft haben, können sich dort ansiedeln und die Darmflora positiv beeinflussen. Sie können sowohl ökologische Nischen besetzen, wenn es an bestimmten Organismen mangelt (z.B. den bekannten Milchsäurebakterien), die Diversität im Darm steigern und aktiv gegen Krankheitserreger kämpfen. Denn eines sollten Sie von Ihren Darmbakterien und -hefen wissen: Sie verteidigen ihren Lebensraum bis aufs Blut, wenn es sein muss. Daher sollten Antibiotikatherapien, welche die gesamte Darmflora zerstören, nur allerletzte Wahl sein, primär sollte mit Prä- und Probiotika therapiert werden.

In meiner Reiseapotheke befindet sich zum Beispiel immer ein Komplex-Probiotikum mit Milchsäurebakterien und der Hefe *Sacharomyces boulardii*, welche dafür bekannt ist, besonders effektiv bei der Bekämpfung von Salmonellen oder einer Lebensmittelvergiftung zu sein. Dies ersetzt keine ärztliche Behandlung, aber bei Beschwerden oder Durchfallerkrankungen können diese Helferlein wahre Wunder wirken und wie eine erste Hilfe sein.

Die Darmdiversität ist ein wichtiges Thema: Sie beschreibt die Verteilung und die vielen verschiedenen Arten der Mikroorganismen im Darm, die es gibt. Ein durchschnittlicher deutscher Dickdarm enthält etwa 300 verschiedene Spezies an Mikroorganismen – der Darm von Naturvölkern oder »sehr gesunden Menschen« einige Tausend. Die Diversität im Darm erhöhen Sie in erster Linie durch eine große Diversität an Nahrungsmitteln und eine große Diversität an Fermenten, da jedes Ferment eine einzigartige Komposition an Mikroorganismen enthält. Halten wir fest: Eine ausgewogene Ernährung mit Fermenten begünstigt eine ausgewogene Darmflora. Diese schützt Sie besser vor Krankheitserregern, stärkt das Immunsystem, produziert Postbiotika und beeinflusst positiv auf jede erdenkliche Weise Ihre Gesundheit.

Postbiotika

Postbiotika sind Stoffe, die unser Mikrobiom aus den unverdaulichen Faserstoffen herstellt und die für unseren Körper von Nutzen sein können. Viele Postbiotika wirken nur im Darm, indem sie z. B. die Immunzellen und die Zellen in der Darmwand ernähren, andere wiederum werden durch das Blut aufgenommen und sind ein wahrer Segen für unsere Gesundheit. Sie unterstützen den Stoffwechsel und das Immunsystem, lindern Entzündungen und unterstützen eine Krebsprävention (Żółkiewicz, Marzec, Ruszczyński, & Feleszko, 2020).

Schätzungen zufolge ist jedes vierte Molekül, das in unserem Blut schwimmt, ein Postbiotikum – wir sollten daher den Einfluss der Darmflora auf unsere Gesundheit nicht unterschätzen. Auch Fermente gehören dazu, sie machen unsere Darmflora sehr glücklich.

Gut zu wissen

Auf H-Milch können Sie dieses Wort ebenso lesen wie auf abgepacktem Sauerkraut aus dem Supermarkt: pasteurisiert. Die Pasteurisierung ist ein technischer Prozess, bei dem Lebensmittel kurz (wenige Sekunden) auf 60° bis 90° C erhitzt werden, um darin enthaltene Mikroorganismen abzutöten. Für viele Lebensmittel hat dies den Vorteil, dass sie nicht so leicht verderben und dadurch länger haltbar sind. Wenn Sie allerdings Fermente kaufen möchten, ist es wichtig, dass Sie darauf achten, dass diese nicht pasteurisiert sind. Das Lebensmittel ist nicht mehr probiotisch! Es handelt sich ohne die lebendigen Mikroorganismen dann um ein gänzlich anderes Lebensmittel – es ist kein lebendiges Lebensmittel mehr, sondern sterilisiert. Bei Sauerkraut aus dem Supermarkt ist das Wort »pasteurisiert« ebenso häufig zu lesen wie bei so manchem Kombucha oder Apfelessig. Wenn Sie also fertige Fermente (oder Starterkulturen dafür) mit der vollen mikrobiellen Kraft kaufen möchten, kann ich die Berliner Firma Fairment (www.fairment.de) empfehlen.

Es gibt verschiedene Arten von Postbiotika, die sich jeweils unterschiedlich auf unsere Gesundheit auswirken können. Die Summe aller Postbiotika, die im Darm gebildet wird, ist die Summe aus einer glücklichen Darmflora und der richtigen Ernährung. Einige der wichtigsten Stoffe folgen hier.

› B-Vitamine

Vitamine der B-Klasse regeln einen Großteil unseres Energiestoffwechsels. Sie beschäftigen sich mit dem Auf-, Um- und Abbau von Kohlenhydraten, Fetten und Aminosäuren und sind unabdingbar für unseren Körper. Hefen, die sich sowohl in Fermenten als auch in unserem Darm finden, sind uns genetisch ähnlicher als Sie womöglich denken. Sie generieren, genau wie wir Menschen, als eukaryotische Wesen Mitochondrien zur Energiegewinnung und benötigen dafür entsprechend B-Vitamine. Im Unterschied zu uns Menschen können sie diese B-Vitamine jedoch selbst herstellen und damit Fermente als auch das Geschehen im Dickdarm mit B-Vitaminen anreichern.

Vitamin B2, B6, B9 und B12, die viele Menschen nicht ausreichend über die Nahrung zuführen, können so durch Fermente wie Kombucha, Kefir und Sauerkraut über die Darmflora zugeführt werden. Das ist deswegen interessant, weil B-Vitamine üblicherweise in tierischen Lebensmitteln wie Fleisch besonders reichhaltig enthalten sind – daher haben Vegetarier und Veganer häufig ein Defizit. Mit Fermenten lässt sich ein Ausgleich schaffen und einem Mangel entgegenwirken.

› Vitamin C

Auch Vitamin C – Ascorbinsäure – wird durch Mikroorganismen gebildet und kann uns zugutekommen. In Fermenten wie Sauerkraut oder Kombucha ist eine ganze Menge enthalten. Ein Glas Kombucha enthält fast das Dreifache an Vitamin C als ein Glas Orangensaft. Ob auch unsere Darmflora Vitamin C bildet, ist noch nicht wissenschaftlich erwiesen, aber wahrscheinlich.

› Vitamin K2

Vitamin K2 kennen Sie vielleicht als das sogenannte Knochenvitamin. Es aktiviert zusammen mit Vitamin D ein Protein, das Calcium in die Knochen einbaut. Außerdem hilft es dabei, die

^ Der Kombuchapilz entspricht einem kompletten Ökosystem.

Blutgefäße sauber zu halten und beugt der Bildung von Atherosklerose vor. Weitere Funktionen umfassen die mitochondriale Gesundheit, den Insulinstoffwechsel und die Bildung von Sexualhormonen.

Auch Vitamin K2 ist üblicherweise in tierischen Produkten zu finden, da es im Pansen und Darm mancher Weidetiere gebildet wird, wenn sich diese artgerecht ernähren. Artgerecht heißt hier, frisches Gras, Kräuter, Nüsse und Saaten und kein Kraftfutter in einem engen Stall. Weidefleisch und Hartkäse sind daher gute Vitamin-K2-Quellen, aber auch Natto, ein Soja-Ferment, das in Japan gerne konsumiert wird. Natto ist tatsächlich das Vitamin-K2-reichste Lebensmittel auf dem Planeten, schmeckt aber nicht jedem. Sollten Sie zu der letztgenannten Fraktion gehören, sind fermentierte Gemüse eine gute Alternative.

› Acetat

Acetat ist das Anion (negativ geladenes Teilchen) der Essigsäure. Acetat gehört mit Propionat und Butyrat zu den kurzkettigen Fettsäuren (SCFA), die die Darmflora bilden kann und die sich auch in Fermenten finden. Essigsäure gibt Essig ihren typischen Geschmack – Acetat wird im gesunden Darm gebildet und direkt in den Körper aufgenommen.

Acetat ist dabei ein wichtiger Signalgeber, er regt das Immunsystem im Darm zu höherer Aktivität und zur Bildung von Schutzproteinen (z.B. Antikörper) an (Wu et al., 2017). Für ein gesundes Immunsystem ist diese Kommunikation zwischen Darmflora und Immunsystem entscheidend – Fermente helfen dabei. Doch Acetat kann noch mehr: Es wird zu einem großen Teil vom Körper aufgenommen und hilft dabei, einen ausgeglichenen Blutzuckerspiegel zu erhalten.

› Propionat

Propionat ist das Anion der Propionsäure, eine kurze Fettsäure mit drei C-Atomen. Es ist ebenfalls ein wichtiger Signalstoff und wirkt entzündungslindernd: Ist Ihr Darm gereizt oder entzündet, bildet die Darmflora hiermit einen Stoff, der Ihren Körper bei der Heilung unterstützt. Darüber hinaus wird Propionsäure in den Blutkreislauf aufgenommen und regt in der Leber die Bildung langer, gesättigter Fettsäuren an (z. B. Pentadecansäure), welche sich vorteilhaft auf Stoffwechsel und Blutzucker auswirken.

› Butyrat

Butyrat ist das Anion der Buttersäure, die, wie der Name schon sagt, auch reichlich in Butter vorkommt. Wenn Butter ranzig wird, oxidiert die Buttersäure und der typische Geruch entsteht. Glücklicherweise passiert das weder in Fermenten noch in unserem Darm. Wir können uns glücklich schätzen, dass es Butyrat gibt: Es ernährt die Zellen in der Darmwand und hält die Stabilität derselben aufrecht. Ist die Darmwand nicht mehr stabil beziehungsweise intakt, entsteht ein *Leaky Gut Syndrom*, welches das Risiko für nahezu alle Zivilisationserkrankungen erhöht. Butyrat greift vorbeugend in den Darmkreislauf ein und ist pures Futter für Ihre Zellen. Dieses Beispiel zeigt, wie gut die Symbiose (Zusammenspiel) aus unserer Darmflora und unserem Körper funktioniert, wenn beide Seiten zufrieden sind. Dann ernähren sie sich sogar gegenseitig!

Außerdem wirkt Butyrat entzündungslindernd, immunstärkend, blutzuckerstabilisierend, fördert den Schlaf und steigert die Fettverbrennung. Sie sehen, ein gesunder Darm und der regelmäßige Konsum von Fermenten (mit Prä-, Pro- und Postbiotika) kann mehr, als uns nur ein gutes Bauchgefühl zu geben.

› Serotonin

Haben Sie gewusst, dass auch Glückshormone im Darm gebildet werden? Das Zusammenspiel von Darmflora, Immunsystem und Darmzellen kann unsere Gesundheit und auch unsere Stimmung fördern – oder beeinträchtigen. Die kurzkettigen Fettsäuren, über die wir eben gesprochen haben, regen die Zellen in der Darmwand an, Serotonin zu produzieren (Reigstad, Salmonson, Rainey III, & Szurszewski, 2014). Serotonin (unser »Glückshormon«) kontrolliert die Darmperistaltik und über den Vagusnerv (den größten Nerv im Körper, der Darm und Gehirn verbindet) auch unsere Psyche. Etwa 95 % des gesamten Serotonins in unserem Körper liegt im Darm vor, also: Happy gut, happy life!

› GABA

GABA ist ein Hormon, das uns abends entspannen und zur Ruhe kommen lässt. Es reguliert unseren Tiefschlaf und unsere Regeneration. Bisher dachte man, dass nur das Gehirn GABA produziert – aber, weit gefehlt, denn auch Ihr Darm hat mitzureden! Fermente wie Sauerkraut und Kefir enthalten GABA in geringen Mengen, aber sie regen auch die Bildung von GABA im Dickdarm an. Über den Vagusnerv und unser Bauchgehirn wirkt sich GABA auf den ganzen Körper aus – etwa, wie leicht wir uns »stressen« lassen und wie gut wir uns nach einem anstrengenden Tag ausruhen können.

Ein weiterer Beweis dafür, dass an unserem »Bauchgefühl« wirklich etwas dran ist, denn unser Darm hat ein eigenes Nervengeflecht, das enterale Nervensystem. Dieses wird überwiegend durch die Mikroorganismen im Dickdarm reguliert.

› Konjugierte Linolsäure

Die konjugierte Linolsäure ist die womöglich einzige Transfettsäure mit gesundheitsfördernden Eigenschaften. Von Transfetten haben Sie sicher schon im Kontext von Fast Food oder Herz-Kreislauf-Erkrankungen gehört – hierbei handelt es sich um künstliche Fette, deren Aufnahme über die Nahrung Sie minimieren sollten. Die konjugierte Linolsäure ist eine natürliche Transfettsäure, die wir in Fleisch von (glücklichen) Weidetieren, Milchprodukten, Muttermilch und einigen Fermenten finden. Sie wird mit einer besseren Stoffwechselleistung, geringerem Risiko einer Herz-Kreislauf-Erkrankung, geringerem Krebsrisiko und sogar mit Abnehmen in Verbindung gebracht.

› Enzyme

Enzyme sind die kleinen Werkzeuge, ohne die unser Stoffwechsel nicht funktionieren würde. Sie ermöglichen nämlich, dass die unzähligen chemischen Reaktionen in uns ohne viel Aufwand und bei gemütlichen 37° C Körpertemperatur ablaufen können. Noch vor wenigen Jahren wurden Enzyme in Lebensmitteln belächelt – heute wissen wir, dass einige Enzyme aus der Ernährung und aus unserem Darm durchaus in den Körper aufgenommen werden, da der Körper daraus einen Vorteil zieht. Sehr bekannt sind zum Beispiel die proteinspaltenden Enzymkomplexe Papain und Bromelain (aus der Papaya bzw. Ananas), welche Blutgerinnsel auflösen und Gelenkschmerzen lindern können.

Lebendige, das heißt nicht pasteurisierte Fermente, enthalten auch die volle Aktivität an Enzymen aus den Mikroorganismen – die damit in unserem Dickdarm fröhlich weitermachen. Es ist davon auszugehen, dass auch diese Enzyme teilweise in unseren Körper aufgenommen werden und ihn unterstützen.

Das perfekte Zusammenspiel aus Prä-, Pro- und Postbiotika in Kombination mit einer gesunden Ernährung (dazu gehören Fermente) wirken im Darm wahre Wunder und zeigen, dass wir Menschen komplexe Lebewesen sind, die aus mehr als nur menschlichen Zellen bestehen – tatsächlich sind wir ein Superorganismus aus menschlichen Zellen sowie Tausenden verschiedenen Bakterien und Hefen, die zusammenarbeiten, sich gegenseitig ernähren, schützen und miteinander reden. Gesundheit kommt daher nur zustande, wenn unser Körper mit unserer Darmflora im Einklang ist.

Fermente sind die Brücke, die das ermöglicht, weil sie nicht nur Prä-, Pro- und Postbiotika enthalten, denn gibt es davon genug, geht die Party im Darm erst richtig los. Dann mischt sich dieses einzigartige, lebendige Sauerkraut, das Sie gerade essen, mit den Kulturen im Darm.

Vorteile von fermentiertem Gemüse für die Gesundheit

Aufgrund der enthaltenen Inhaltsstoffe konnten wir bereits viele gesundheitliche Vorteile von Fermenten ableiten. Im weiteren Verlauf des Buches möchte ich mich auf fermentiertes Gemüse konzentrieren, da es allein hier eine große Auswahl gibt, und da wir ständig dazu angehalten werden, mehr Gemüse zu essen, warum also nicht auch fermentiertes Gemüse, um mehr »Pepp« und Vielfalt in die Küche zu bekommen?

Früher war die Fermentation von Gemüse für die Haltbarmachung gedacht, um gut und gesund durch den Winter zu kommen. Dass diese Lebensmittel noch mehr für die Gesundheit

^ Auch optisch ansprechend: eingelegtes Gemüse.

bereithalten, ist ein Bonus. Seit der Erfindung des Kühlschranks bräuchten wir nicht mehr zwingend die Fermentation zur Haltbarmachung – aber sie ist unbestreitbar gesund. Hunderte Studien weisen darauf hin, dass fermentiertes Gemüse (mit seinem hohen Gehalt an Prä-, Pro- und Postbiotika) eine Wohltat für die Gesundheit und für unseren Darm (als Schlüssel der Gesundheit) ist. Wie gesund, klären wir jetzt.

Wie das Gemüse, so das Ferment

Nahezu jedes Gemüse, Kraut oder »Grünzeug« kann fermentiert werden. Da das Gemüse dabei nicht gekocht oder physikalisch verändert wird, bleiben die Nährstoffe erhalten. Die gesundheitlichen Vorteile, die ein Gemüse mit sich bringt, gelten daher auch für das fertige Ferment – mit einem Upgrade, da es zu einer Zunahme an Prä-, Pro- und Postbiotika kommt. Wenn Ihnen die Gemüsebeilage zum Mittagessen zu langweilig wird, Sie aber dennoch die gesundheitlichen Vorzüge von Gemüse genießen möchten, bietet sich fermentiertes Gemüse an. Dies ist dann weder langweilig noch fad, denn durch die Fermentation bekommt es eine süß-sauer-salzige Note. Täglich fünf Portionen Obst und Gemüse? Mit Fermenten kein Problem!

› Fördert die Entgiftung

Jede Zelle unseres Körpers ist ständig mit dem Auf- und Abbau von Stoffen beschäftigt, mit der Aufnahme ebenso wie mit dem Ausscheiden. Den Abbau und die Ausscheidung von Toxinen und Abfallprodukten nennen wir »Entgiftung«. Diese findet in den Zellen ebenso statt wie in den entgiftenden Organen Darm, Leber, Niere, Lunge und Lymphe. Aufgrund der enthaltenen Bitterstoffe, Pro- und Postbiotika regt fermentiertes Gemüse die

Entgiftung an. Die meisten Entgiftungskuren setzen auch auf fermentiertes Gemüse oder Saft aus Sauerkraut oder fermentierter roter Bete. Fermente enthalten sogar Stoffe wie Glucuronsäure, welche bei der Entgiftung von Schwermetallen helfen können – wer hätte das gedacht?

Jeden Tag ein wenig fermentiertes Gemüse ist daher wie eine Art tägliche Entgiftungskur, die Ihrem Körper dabei hilft, die Altlasten des Stoffwechsels auszuscheiden. Dadurch läuft auch der Stoffwechsel viel »flüssiger« und Sie fühlen sich wie nach einer Fastenkur: erfrischt und erleichtert.

› Erhöht die Bekömmlichkeit

Fermentiertes Gemüse ist sehr bekömmlich und leicht verdaulich und dadurch eine Entlastung für den Magen-Darm-Trakt. Weißkohl wäre im rohen Zustand kaum genießbar und Sie würden höchstwahrscheinlich Blähungen vom Verzehr bekommen – bei Sauerkraut ist dies nicht der Fall. Das liegt daran, dass das Sauerkraut bereits vorverdaut wurde:

Durch die Fermentation werden nämlich Stoffe abgebaut, an denen Ihr Körper sonst »zu knabbern« hätte. Im Falle von Kohl sind das bestimmte Ballaststoffe und Schwefelstoffe, die im Darm zur Freisetzung von Schwefelgasen führen. Das Gemüse wird durch die Mikroorganismen bereits vorverdaut, die Schadstoffe entschärft. Das Lebensmittel (in diesem Beispiel: Sauerkraut) ist weicher geworden und der Darm kann sich auf die Aufnahme der Nährstoffe konzentrieren.

› Baut Schadstoffe ab

Viele Lebensmittel, die roh ungenießbar oder sogar giftig wären, sind im fermentierten Zustand genießbar, lecker und sogar sehr gesund. Durch die Fermentation werden die Schadstoffe abgebaut (ein weiterer Beweis für die Symbiose aus Mikroben und uns Menschen) und in Nährstoffe umgewandelt.

Rohe Getreidekörner zum Beispiel sind hart und reizen den Darm – Sauerteigbrot ist leicht, schmackhaft und wird sogar von Menschen mit Glutenintoleranz vertragen. Gleiches gilt für das Gemüse: Wurde es korrekt fermentiert, werden die Schadstoffe neutralisiert, die Bekömmlichkeit erhöht, die Verdauung gefördert – durch den regelmäßigen Verzehr verschiedener fermentierter Gemüsesorten lösen sich viele Sorgen in Luft auf.

› Bekämpft Schadkeime

Mikroorganismen verteidigen ihren Lebensraum. Wenn sie bemerken, dass sich ein Fremd- oder Schadkeim breitmacht, bekämpfen sie ihn. Das gilt sowohl für den Fermentationsprozess wie auch für »das Leben danach« – nämlich in unserem Darm. Bemerken die Mikroorganismen, dass hier ein Ungleichgewicht herrscht oder dass ein Pathogen (Krankheitserreger) die Gesundheit bedroht, tun sie alles in ihrer Macht stehende, um das Gleichgewicht wiederherzustellen. Daher wird sogar Darmflora von gesunden Menschen entnommen und in den Darm kranker Menschen transplantiert, wenn die Darmflora den Kampf gegen einen gefährlichen Keim (z. B. *Clostridium difficile*) zu verlieren droht. Dies nennt man »Stuhltransplantation« – und rettet jedes Jahr Leben.

Dieses Beispiel zeigt einmal mehr das Potenzial von fermentiertem Gemüse – bei der Prävention von Darmproblemen wie auch bei der Behandlung.

Die Sinfonie der Verdauung

Fermentiertes Gemüse fördert eine gesunde Verdauung auf jeder Ebene: Es ist bekömmlicher, wirkt leicht abführend und »räumt« im Darm auf, füttert die guten Darmbakterien und bekämpft die schlechten, und es enthält unzählige Wirkstoffe (z. B. kurzkettige Fettsäuren) für eine gute Darmperistaltik.

Eine ideale Verdauung ist wie ein Orchester aus vielen Mitgliedern und aufeinander bezogenen Abläufen – sind alle aufeinander eingestimmt und gut eingespielt, kommt ein Meisterwerk zustande. Ist dies nicht der Fall, bekommen wir nur schiefe Geräusche, Blähungen, Verstopfung und andere Probleme zu hören und zu spüren. Fermentiertes Gemüse hilft dabei, aus dem »Sauhaufen« ein Kammerorchester zu machen und die Sinfonie einer gesunden Verdauung zu ermöglichen. So lösen sich häufig auch »die unangenehmen Vier« (die Hauptsymptome des Reizdarms): Verstopfung, Durchfall, Blähungen und Bauchschmerzen. Mit dem Verzehr von fermentiertem Gemüse lässt sich häufig Abhilfe schaffen.

› Wirkt abführend

Fermentiertes Gemüse als Abführmittel? Ja!

Es gibt Momente, da fühlen wir uns nicht gut. Da wird der Bauch immer dicker, obwohl keine Schwangerschaft vorliegt, und Sie mussten auch schon länger nicht mehr »groß«. Eine Verstopfung ist sehr unangenehm. Dagegen ist allerdings ein Kraut gewachsen – Sauerkraut, um genau zu sein, und andere Fermente mit reichlich Milchsäure. Auch diese können die Darmperistaltik anregen und im Falle einer akuten Verstopfung Linderung verschaffen. Probieren Sie ein Glas Sauerkrautsaft oder ein paar Löffel Sauerkraut, Kimchi oder ein ähnliches Ferment.

› Stärkt die Darmgesundheit

Happy gut, happy life – der Darm ist der Schlüssel unserer Gesundheit und die Wurzel allen Übels. Das wusste schon Hippocrates vor über 2500 Jahren, und dieses Wissen ist auch heute noch gültig. Fermentiertes Gemüse unterstützt jeden Aspekt eines gesunden Darms, von der Darmflora über die Verdauung und Nährstoffaufnahme bis zum Immunsystem und einer intakten Darmbarriere. Fermentiertes Gemüse ist nicht nur ein kulturhistorisches Gut – es ist ein Muss für die Gesundheit.

› Senkt den Blutdruck

Was passiert bei erhöhtem Blutdruck? Die Blutgefäße verengen sich und drücken das Blut immer enger zusammen. Der häufigste Grund dafür ist Stress – sowohl psychischer Stress wie auch metabolischer Stress. Diesen metabolischen Stress können Sie an erhöhten Entzündungswerten im Blut messen.

Fermentiertes Gemüse ist ein wahres Füllhorn an Nährstoffen und Antioxidantien, die dabei helfen, diesen Entzündungsprozessen entgegenzuwirken und das Immunsystem zu beruhigen. Die Darmflora hilft kräftig mit – und beruhigt sogar über den Vagusnerv unsere Psyche. Dadurch sinkt auch der Blutdruck.

› Kappt die Blutzuckerspitzen

Kurzkettige Fettsäuren und Milchsäure verbessern die Insulinwirkung und die Fettverbrennung und senken langfristig den Blutzuckerspiegel (Gao, Yin, & Zhang, 2009). Daher ist fermentiertes Gemüse für alle Menschen relevant, die ihren Blutzucker stabil halten möchten. Weniger Blutzuckerspitzen bedeutet nicht nur eine bessere Kontrolle und Prävention von Diabetes Typ 2, sondern auch stabile Energie über den Tag verteilt – sowohl bei Leistungssportlern wie auch bei Denksportlern bei ihrem täglichen Büro-Marathon. Blutzucker ist unsere wichtigste Energiequelle im Körper. Schaffen Sie es, ihn stabil zu halten, wirkt sich das positiv auf Ihr Energielevel, auf Ihre Stimmung und Ihre Leistung aus. Auch dem Nachmittagstief wird so vorgebeugt.

Diabetikern empfehle ich in meiner Gesundheitsberatung gerne probiotischen Sauerkrautsaft – nun wissen Sie, warum. Der Blutzucker jubiliert bei Sauerkraut, Kimchi und Essiggurken.

› Sorgt für mehr Sättigung, weniger Heißhunger, weniger Übergewicht

Essen, bis man satt ist, rechtzeitig aufhören und zufrieden aufstehen – wer möchte das nicht? Für Sättigung und die Entstehung von Heißhunger sind auch unsere Hormone zuständig. Eines davon heißt GLP-1 (*glucagon-like-peptide 1*), welches neben der Sättigung auch den Insulinstoffwechsel beeinflusst. In Studien konnte der regelmäßige Verzehr probiotischer Lebensmittel über GLP-1 dem Stoffwechsel ein Upgrade verschaffen.

Netter Nebeneffekt: einfacher Gewichtsverlust durch bessere Sättigung, weniger Heißhunger und eine allgemein bessere Stoffwechselleistung.

› Wirkt wie ein Jungbrunnen

Klingt zu gut, um wahr zu sein, ist es aber: Fermentiertes Gemüse ist wie ein Jungbrunnen für unseren Körper. Und zwar innerlich (Darm, Entzündungen, Stoffwechsel) und äußerlich: Die Haut wird robuster, glatter, und altert langsamer und die Haarqualität steigt – wie wäre es daher mit einem Gläschen fermentiertem Rote-Bete-Saft oder Kimchi zum nächsten Spa-Tag?

› Stabilisiert die Psyche

Bei der Behandlung psychischer Erkrankungen schauen Wissenschaftler und Ärzte immer häufiger in den Darm. Geht es dem Darm gut, fördert dies auch die psychische Gesundheit. Dies liegt daran, dass im Darm viele Neurotransmitter und Hormone gebildet werden, die zu unserem Wohlbefinden beitragen. Mit Serotonin und GABA haben Sie bereits zwei kennengelernt. Über den Vagusnerv beeinflusst der Darm direkt das Gehirn. Ist er ruhig, entspannt und glücklich, sind wir das auch – und werden gleichzeitig psychisch belastbarer und stabiler.

› Stärkt das Immunsystem

Darmflora und Immunsystem kommunizieren ununterbrochen miteinander – geht diese Kommunikation verloren, kommt es unweigerlich zu entzündlichen oder autoimmunen Erkrankungen. Läuft die Kommunikation gut, unterstützen sich beide Seiten gegenseitig.

Das Immunsystem kann Sie also besser vor Krankheitserregern schützen und die richtigen Entscheidungen treffen. Mit »richtige Entscheidungen treffen« meine ich zum einen, zwischen einer körpereigenen und einer körperfremden Zelle zu unterscheiden. Kann es das nicht, kommt es zu Autoimmunerkrankungen, die aktuell zehn bis 15 Millionen Menschen in Deutschland betreffen. Zum anderen meine ich damit, zwischen einem echten Schadstoff und harmlosen Birkenpollen zu unterscheiden. Kann es das nicht, kommt es zu Allergien, Heuschnupfen und Nahrungsmittelallergien. Ein kompetentes Immunsystem ist allzeit bereit, schnell und kompetent zur Stelle – und rauscht nach getaner Arbeit wieder ab, ohne eine chronische Entzündungsreaktion zu hinterlassen.

‹ Rotkohl eignet sich perfekt für die Fermentierung.

Probiotika in fermentiertem Gemüse – wer sind die kleinen Helferlein?

Ferment ist nicht gleich Ferment. Jedes einzelne enthält eine einzigartige Komposition aus Inhaltsstoffen und Mikroorganismen, die es zu dem machen, was es ist.

Könnten Sie in ein kleines Raumschiff steigen, das Sie um den Faktor 10.000 schrumpft und mit Ihnen durch ein Glas blubberndes Sauerkraut fliegt, würden Sie sich erst mal verwundert die Augen reiben: Während die meisten Menschen ein eher langweiliges Bild von fermentiertem Gemüse haben, ist es in Wahrheit ein galaktisches Gewusel:

Abermilliarden Mikroorganismen schwirren umher, kuscheln sich zusammen, tauschen Moleküle aus, wachsen, teilen sich, knabbern zusammen an Blättern ... Sie würden große Hefezellen sehen, die in runden Haufen zusammenliegen und sich nicht teilen, sondern Sprossen (Ausstülpungen) hätten. Sie würden Essigsäurebakterien sehen, die sich in der Flüssigkeit verteilen und sich gegenseitig anspornen, noch schneller zu wachsen und zu teilen. Sie würden das »Sauerkraut-Bakterium« *Leuconostoc mesenteroides* sehen, das lange Ketten bildet und sich gerne mit einer kleinen Schleimschicht umgibt. Sie würden einzelne Schimmelpilzsporen sehen, die sich breitmachen möchten, aber stets von den Bakterien und Hefen wieder zurückgedrängt werden.

Einige der wichtigsten Mikroorganismen in fermentiertem Gemüse möchte ich Ihnen gerne vorstellen – damit können Sie bei der nächsten Grillparty prima angeben und sehen auch mikrobielle Überschneidungen bei den verschiedenen Fermenten.

Jedes Ferment ist einzigartig, aber auch jede »Charge«. Ein Sauerkraut, das Sie im März herstellen, hat womöglich eine andere Zusammensetzung als ein Sauerkraut im September. Und das Sauerkraut in Peking hat sicher eine andere Zusammensetzung als das Ihre. Daher sind die mikrobiellen Auflistungen, die jetzt folgen, als Übersicht zu sehen, aber nicht ausschließlich. Ich habe dabei die wichtigsten Mikroorganismen aufgelistet:

Sauerkraut

Häufigste Mikroorganismen: *Lactobacillus sakei*, ***L. plantarum***, *Candidatus accumulibacter phosphatis*, *L. rhamnosus*, *Citrobacter freundii*, *Bifidobacterium dentium*, ***Lactobacillus casei***, ***Lactobacillus delbrueckii***, *Staphylococcus epidermidis*, ***Lactobacillus brevis***, ***Lactococcus lactis***, *Leuconostoc spp.*

Einige Milchsäurebakterien habe ich hier und im Folgenden hervorgehoben – diese sind in nahezu allen Joghurts und probiotischen Nahrungsergänzungsmitteln enthalten, die Sie üblicherweise finden. In Sauerkraut hätten Sie diese wahrscheinlich nicht erwartet, oder?

Tempeh

Häufigste Mikroorganismen: *Enterococcus faecium*, ***Rhizopus oryzae***, *Rhizopus oligoporus*, ***Geotrichum candidum***, ***Alternaria alternata***, ***Cladosporium oxysporum***, *Trichosporon beigelii*, *Clavispora lusitaniae*, *Candida sake*, *Hansenula fabiani*, *Candida tropicalis*

Hier habe ich einige Schimmelpilze markiert, um noch einmal auf eine Fermentationsgrundlage hinzuweisen: die richtigen Mikroorganismen auf das richtige Substrat zu den richtigen Bedingungen. Unter anderen Umständen wären diese Schimmelpilze etwas, das Sie nicht in Ihrem Essen haben möchten. Bei Tempeh (speziell fermentiertem Soja) ist dies gewollt.

Natto

Häufigste Mikroorganismen: *Bacillus subtilis var. natto*

Natto ist das Vitamin-K2-reichste Lebensmittel auf dem Planeten und wird rein durch ein kleines, stäbchenförmiges Bakterium namens *Bacillus subtilis* fermentiert. Fühlt es sich wohl, bildet es Unmengen an Vitamin K2, Vitamin B2 und proteinabbauenden Enzymen, die im Darm Krankheitserreger angreifen.

Miso

Häufigste Mikroorganismen: *Bacillus subtilis, Bacillus amyloliquefaciens, Staphylococcus gallinarum, Staphylococcus kloosii, Lactococcus sp. GM005, (Aspergillus oryzae)*

Miso ist in seiner bakteriellen Zusammensetzung ähnlich zu Natto – was Sie auch daran sehen, dass beide Lebensmittel aus Soja fermentiert werden. *Bacillus subtilis* scheint sich hier wohlzufühlen. Es produziert fleißig Vitamin K2 und unterstützt so später in Ihrem Darm das darmassoziierte Immunsystem.

Kimchi

Häufigste Mikroorganismen: *Leuconostoc gasicomitatum, Leuconostoc gelidum, Leuconostoc mesenteroides, Weissella koreensis,* ***Lactobacillus sakei, Lactobacillus plantarum, Lactobacillus curvatus***

Kimchi und Sauerkraut sind sich nicht unähnlich – Sauerkraut wird aus Weißkohl hergestellt, Kimchi aus Chinakohl. Doch Kimchi enthält noch ein paar Zusätze wie Chili, Ingwer, Zucker und Sojasauce, die das Sauerkraut nicht enthält. Dadurch gibt es zwar Ähnlichkeiten in der mikrobiellen Zusammensetzung, aufgrund der unterschiedlichen Substrate aber auch unterschiedliche Siedler wie die Hefe *Saccharomyces unisporus*, die neben Kimchi auch in Kefir zu finden ist.

Es ist ein schönes Gefühl, sich auf seinen Körper und sein Immunsystem verlassen zu können. Nicht bei jeder Grippewelle krank im Bett zu liegen, ohne Heuschnupfen durch die Gräsersaison, ohne Autoimmunerkrankung durch die Wechseljahre und ohne Schnupfen durch den Winter. Fermentiertes Gemüse stärkt das Immunsystem mit seinen Pro- und Postbiotika sehr effektiv.

Milchsäuregärung – was »fressen« Bakterien und Hefen?

Bei der Fermentation bringen wir ausgewählte Mikroorganismen unter kontrollierten Bedingungen auf ein Substrat, das sie als Nahrungsgrundlage nutzen können. Der wichtigste Energierohstoff für Bakterien und Hefen sind dabei Kohlenhydrate – sowohl komplexe Kohlenhydrate wie Faserstoffe (Ballaststoffe), die aus langen Ketten verschiedener Zuckerstoffe bestehen, als auch Einzelzucker wie Traubenzucker.

Mit »Zucker« meine ich hierbei nicht immer den weißen Haushaltszucker oder Traubenzucker, sondern die chemische Klasse der Zucker. Dabei gibt es verschiedene Einzelzucker, die sich zu verschiedenen Zuckerketten (Polysaccharide) zusammentun können. Polysaccharide, die wir Menschen nicht aufspalten können, bezeichnen wir als Ballaststoffe – Mikroorganismen verfügen über die nötigen Enzyme, diese in ihre Einzelzucker zu zerlegen und als Nahrungsgrundlage zu nutzen. Polysaccharide, die wir Menschen aufspalten können, werden als »Stärke« bezeichnet, wobei es sich hier tatsächlich nur um lange α-Glukose-Ketten handelt.

^ Kefir bewegt sich im sauren Bereich mit einem pH-Wert von ca. 4,4.

In Fermenten geschieht das Gleiche: Die Mikroorganismen können die Faserstoffe aufspalten und die Einzelzucker (Glukose, Fruktose, Galaktose, Xylose, ...) als Nahrungsgrundlage verwenden. Daraus produzieren sie in der Regel auch die Postbiotika, von denen wir profitieren können.

Die wichtigste Art von Gärung, die bei der Gemüsefermentation zum Tragen kommt, ist die sogenannte Milchsäuregärung. Die Mikroben zersetzen darin Glukose und andere Zucker über einen Prozess namens Glykolyse zu Pyruvat. Dieser Prozess läuft in der Mikrobenzelle unabhängig von Sauerstoff ab. Ist kein Sauerstoff vorhanden (z.B. in einem Gärgefäß), entscheidet sich die Mikrobe für die anaerobe (sauerstofffreie) Milchsäuregärung und wandelt das Pyruvat in Milchsäure um. Bei diesen Prozessen gewinnt die Zelle ihre Energie in Form von ATP (**A**denosin**t**ri**p**hosphat, universeller Energieträger in lebenden Organismen). Milchsäure ist dann das Endprodukt, welches im Ferment vorliegt und den typisch sauren Geschmack ergibt. Besonders intensiv ist der Milchsäuregeschmack im Sauerkraut, doch auch in anderen Fermenten ist es die wichtigste Säure (zusammen mit Essigsäure). Milchsäure hat den Vorteil, das Ferment stark anzusäuern, was wiederum Schimmel und anderen Lebensmittelverderbern den Garaus macht. Durch die Milchsäuregärung wird das jeweilige Lebensmittel also erst haltbar gemacht – und durch Pro-, Prä- und Postbiotika profitiert unsere Gesundheit gleich auf dreierlei Weise!

Histamin in Wilden Fermenten

Immer mehr Menschen leiden unter einer Histaminintoleranz oder sorgen sich vor einem zu hohen Konsum von histaminreichen Lebensmitteln. Histamin ist ein mikrobielles Abbauprodukt der Aminosäure Histidin und kann in Fermenten mehr (z. B. in Käse) oder weniger (in Wilden Fermenten) konzentriert vorliegen. Es wird in diesem Buch an einigen Stellen angesprochen.

Ist Histamin ein Gesundheitsrisiko? Wie finden Sie heraus, ob Sie es gut vertragen? Was sollten Sie noch darüber wissen? Um diese Fragen zu klären, habe ich mich mit der Biologin und Histamin-Expertin Dorothee Rund unterhalten. Vielen Dank an Dorothee an dieser Stelle!

Würdest du sagen, Histamin hat aktuell ein schlechtes Image, und wenn ja, warum?

Das Problem, welches meine Klienten erleben, ist, dass über das Thema Histaminintoleranz im deutschsprachigen Raum noch recht wenig bekannt ist und dementsprechend zu undifferenziert damit umgegangen wird. Entweder haben Ärzte, Therapeuten und Autoren keinerlei Erfahrung und nehmen das Thema und Betroffene nicht ernst, oder es wird andererseits zu angstbesetzt und kurzsichtig an das Thema herangegangen, zu sehr auf Einschränkungen und Symptombehandlung fokussiert, z. B. mit histaminblockenden Medikamenten und strengen Diäten, bei denen weder äußere noch individuelle Umstände berücksichtigt werden.

Dies bringt mich zur nächsten Frage. Welche Funktionen hat Histamin in unserem Körper?

Das Histamin hat sehr wesentliche Funktionen und Aufgaben in unserem Körper, es ist ein lebenswichtiger Neurotransmitter und Botenstoff, der in quasi jedem Körpersystem mitmischt; bei unserer Verdauung, im Herz-Kreislaufsystem, im Zentralnervensystem, im Urogenitaltrakt, in den Atemwegen ... Außerdem ist Histamin bekannt als Entzündungsbotenstoff, der bei Verletzungen, Allergien und Autoimmunreaktionen beteiligt ist.

Was passiert bei einer Histaminintoleranz, was sind eigentlich Mastzellen und was geschieht bei einem Mastzellaktivitätssyndrom?

Es gibt, vereinfacht gesprochen, zwei Wege, bei denen man mit Histamin durch einen Überschuss, auch Histaminose genannt, Probleme haben kann. Bei einer klassischen Histaminintoleranz bildet der Betroffene zu wenig von dem histaminabbauenden Enzym Diaminoxidase (DAO), ähnlich wie bei einer Laktoseintoleranz die Laktase. Kommt zu viel Histamin konzentriert über eine Mahlzeit, aber auch durch Stress, Toxine oder allergische- oder Entzündungsreaktionen in den Körper, werden akut die Abbaumechanismen überlastet und es melden sich mehr oder weniger starke Symptome. Geschieht dies regelmäßig, können sich Erkrankungen wie Migräne, Darmentzündungen oder Ekzeme manifestieren.

Viel häufiger habe ich es aber mit Klienten zu tun, deren Diaminoxidase auf einem normalen Level ist (meine eigene war zu Zeiten meiner schlimmsten Erkrankung ganz okay, wenn auch nicht wahnsinnig hoch), aber deren Körper selbst über Immunzellen, weiße Blutkörperchen, wie die Mastzellen, zu viel Histamin produziert. Das kann ebenfalls die Abbaumechanismen überlasten, selbst bei einer strikt histaminarmen Ernährung.

Mastzellen sind unsere evolutiv ältesten und primitivsten Immunzellen, unsere ersten Wächter und »Beschützerchen«, die nicht wie unsere übrigen Immunzellen im Blut zirkulieren, sondern in unseren Barriereorganen sitzen wie der Haut, den Schleimhäuten der Atemwege, des Darms, des Urogenitaltrakts, der Augen und Ohren, um die Blut-Hirn-Schranke, und um Muskeln und Organe im Bindegewebe.

Eben dort können dann auch lokal Entzündungen entstehen, sollte unser Körper zu viele oder zu empfindliche Mastzellen produzieren. Allerdings ist auch hier wichtig zu wissen, dass Histamin nur eines von Dutzenden von Entzündungsmolekülen ist, die Mastzellen ausstoßen können.

Mastzellen werden allgemein getriggert, sobald sie über das Nervensystem ein Gefahrensignal für den Körper vermittelt bekommen, eine völlig natürliche Reaktion. Ihre wichtigste Aufgabe ist z.B., uns vor Bakterien und Viren zu schützen, aber auch Allergene, Toxine, Verletzungen, psychischer Stress, Hitze, etc. können sie aktivieren. Geschieht dies im krankhaften und chronischen Ausmaß, spricht man von Mastzellaktivitätssyndrom (MCAS).

Was empfiehlst du bei einer Histaminintoleranz?
Sollte ich Fermente dann komplett meiden?

Wichtig ist immer, erst einmal abzuklären, worauf man persönlich überhaupt nennenswert reagiert, denn das ist höchst individuell. Histaminlisten können eine erste Anregung und ein Anhaltspunkt sein, sollten aber niemals unhinterfragt und verallgemeinert befolgt werden! Denn sie stellen nur den größten gemeinsamen Nenner aller jemals gemeldeten Unverträglichkeitsfälle dar, geben aber keine Aussage darüber, was bei mir oder dir individuell wirklich los ist, was zu deiner Histaminose führt.

Ich habe zahlreiche Klienten, die Fermente, oder zumindest bestimmte Fermente, problemlos vertragen. Wer aber belastet ist mit Histaminsymptomen, kann natürlich so starten, dass er oder sie für einzelne Wochen von einer sehr simplen histaminarmen Ernährungsweise ausgeht und dann nach und nach beginnt auszuprobieren. Bei Fermenten gilt Kefir und Wasserkefir am verträglichsten bei einer Histaminintoleranz.

Alkoholische Getränke wie Bier und Wein sollte man dagegen als allerersten streichen, denn Alkohol schädigt den Darm und blockiert die DAO, und auch allgemein dem Körper zuliebe und dem gesunden Menschenverstand nach.

Ich selbst gehöre tatsächlich zu den Leuten, die einige Jahre auf Fermente verzichten mussten und mache auch heute noch langsam damit, doch meine Toleranz nimmt durch die richtigen Maßnahmen und eine gesunde Lebensweise stetig zu. Ich habe stattdessen viel an gekochtem Gemüse konsumiert und regelmäßig Kuren mit histaminsenkenden Probiotika gemacht.

Was empfiehlst du Betroffenen, wie kann man vorgehen?
Hier möchte ich ermutigen, mit einem Ernährungstagebuch strukturiert und mit einem Beginner´s Mind in die Selbstentdeckung zu gehen. Ich selbst habe dies vor sieben Jahren über sechs Monate gemacht und zehre noch heute von diesen Erkenntnissen. Auch ist es so, dass der Körper die Bildung der DAO immer weiter reduziert, parallel zu dem, wie immer weniger über die Nahrung in den Körper kommt, umgekehrt man sie sich

aber langsam und vorsichtig wieder stärker trainieren kann! Ich erlebe es immer wieder.

Dann ist es wichtig zu ermitteln, ob die Ernährung überhaupt das Problem ist, denn oft kommen Menschen zu mir, die, obwohl sie alles wirklich richtig super machen mit ihrer Ernährung und vorsichtig sind, weiterhin Probleme haben. Oder sie merken, dass sie dasselbe Lebensmittel an einem Tag problemlos, an einem anderen Tag gar nicht vertragen. Dann sind eher die Mastzellen, die Barriereorgane und das Nervensystem das, was wir mal unter die Lupe nehmen müssen.

Befinden sich zu viele histaminproduzierende Bakterien im Darm? Gibt es Mängel an Nährstoffen, die die Wände der Mastzellen zu brüchig haben werden lassen oder die für die Produktion der DAO essenziell wären? Ist der Körper durch irgendwelche Toxine oder Infektionen zu sehr belastet oder kommen zu viele Stresssignale aus dem Nervensystem, sodass die Mastzellen mehr in den Kampfmodus gehen? Gibt es versteckte ungesunde Gewohnheiten und hat unser Immun-, Hormon- und Nervensystem überhaupt eine Chance, ordentliche Arbeit zu leisten?

Es lohnt sich, in eine Partnerschaft mit dem Körper zu kommen, denn der will immer nur unser Bestes, unser Überleben, und auf eine spannende Selbstfindungsreise zu gehen. Plötzlich darf man ein insgesamt völlig neues Wohlbefinden für sich entdecken.

Vielen Dank für diesen Austausch, liebe Dorothee!

Fermentation – alles für einen guten Start

Nun soll es in die Praxis gehen! Wir sprechen über alles, was Sie zum Fermentieren benötigen. Begonnen beim richtigen Equipment, Starterkulturen, die wichtigsten Techniken, Durchführung sowie die häufigsten Fehler, die Sie ruhig vermeiden dürfen. Danach folgen dann einige meiner liebsten Rezepte.

Sie müssen entschuldigen, wenn es teilweise sehr detailliert zugeht. Aber das hat den Hintergrund, dass die fertigen Fermente gleichbleibend gut, gesund und geschmackvoll sein sollen. Das nennt man reproduzierbar – jede Charge neuer Fermente soll gleich gut werden, und das bei jedem, der es macht. Um eine gleichbleibende Qualität zu erreichen, müssen wir uns anschauen, welche Faktoren Einfluss auf die Fermentation nehmen und wo wichtige Fehlerquellen sind. Indem wir jeden einzelnen Aspekt rund um die Fermentation beleuchten und später beachten, wird diese Reproduzierbarkeit erreicht.

Keine Sorge, es geht nur um ein paar wichtige Grundlagen, die einfach geklärt sein müssen. Die restlichen Faktoren, wie die richtige Ausrüstung, Zutaten und Fermentationsbedingungen, klären Sie einmal und wenden es dann immer so an. Danach ist es für Sie eine Leichtigkeit, und Sie können sich durch die verschiedenen Rezepte probieren.

Werden Sie zum Fermentations-Profi!

Fermente kaufen – darauf ist zu achten

Nicht alle, die dieses Buch lesen, wollen selbst fermentieren. Einige möchten sich informieren und dann fertige Fermente kaufen – das ist in Ordnung. Andere möchten gute Fermente kaufen, um sie als Starterkultur (zum Ansetzen eigener Fermente) zu verwenden. Auch das ist in Ordnung. Daher möchte ich kurz die wichtigsten Kriterien erläutern. Denn Ferment ist nicht gleich Ferment, genauso wenig wie eine Discounter-Salami (mit allem, was die Massentierhaltung und industrielle Verarbeitung mit sich bringt) mit einem Steak vom Weiderind.
Fermente sind lebendige Nahrungsmittel, in denen nicht nur das Leben in Form von Nähr- und Vitalstoffen steckt, sondern auch in Form von, genau, Lebewesen. Soll heißen, Mikroorganismen, Probiotika, von denen Sie noch lange etwas haben. Sie sind nicht pasteurisiert, also hitzebehandelt, und enthalten damit noch die volle Ladung an Vitaminen, Enzymen und Antioxidantien.
Prinzipiell können Sie gute Fermente überall bekommen, wo es gute Nahrungsmittel gibt. Bioprodukte sind im Zweifelsfall ratsamer, da diese Hersteller auf biologischen Anbau, schonende Verarbeitung und hohe Qualität achten. Kombucha ist also nicht gleich Kombucha. Und Sauerkraut nicht gleich Sauerkraut.

Diese Kriterien sollten Sie beachten, wenn Sie fertige Fermente kaufen möchten:

- NICHT pasteurisiert
- Probiotisch (beim Hersteller erfragen – in Deutschland dürfen Hersteller nicht mit »Probiotisch« werben wie in anderen Ländern)
- Bio
- Frei von unnötigen Zusatzstoffen

- Lange Fermentation
- Zuckerarm
- Verkauf in Glasgefäßen
- Soziale und ethische Verantwortung
- Herstellung in Deutschland

Die Angaben beziehen sich auf fermentiertes Gemüse genauso wie auf Naturjoghurt, Apfelessig, Kefir und Kombucha. Die Qualitätskriterien sind immer gleich, für alle Fermente.
Eine Firma, die ich persönlich kenne und schätze und die genau diese Kriterien erfüllt, ist die Berliner Firma Fairment (www.fairment.de). Dort finden Sie fertiges, fermentiertes Gemüse genauso wie Starterkulturen und die richtige Ausstattung. Wenn Sie auf der Suche nach Material oder fertigen Fermenten sind, sind Sie dort richtig.

Die richtige Starterkultur

Haben Sie schon mal den Begriff »Wilde Fermente« gehört? Die meisten im folgenden Kapitel besprochenen Rezepte mit fermentiertem Gemüse sind Wilde Fermente. Das klingt wie ein lustiger Bandname (Hi, wir sind die »Wilden Fermente«), hat aber mit Essen zu tun.

Normalerweise läuft Fermentation mit einer Starterkultur – mit definierten Mikroorganismen in einer bestimmten Zusammensetzung und mit bekannten Eigenschaften. Es geht leider nicht, einfach ein wenig Milch in eine Schale zu gießen, unter die Heizung zu stellen und zu warten, dass daraus Joghurt wird. Stattdessen: einen Esslöffel Naturjoghurt mit lebendigen Milchsäurebakterien zusammengeben. Das ist die Starterkultur. Gleiches gilt auch für fermentierte Getränke und für manche fermentierte Gemüsesorten.

Bei den »Wilden Fermenten« ist das anders. Die Starterkultur dazu – und das wird Sie jetzt womöglich etwas ekeln – befindet sich

a) auf den Lebensmitteln selbst,
b) an Ihren Händen,
c) in der Luft.

Wie kann man sich das vorstellen?

Lebewesen auf den Lebensmitteln

Ein Kohlkopf, den ich auf dem Wochenmarkt kaufe, ist nicht steril. Auf ihm befinden sich natürliche Mikroorganismen, die dort bereits waren, als er noch auf dem Acker lag und im Laufe von einigen Monaten heranwuchs. Diese Mikroorganismen sind Teil der Starterkultur, hier befinden sich verschiedene Milchsäure- und Essigsäurebakterien und die ein oder andere Hefe. Wenn Sie den Kohlkopf später kleinschneiden und mit Salz einreiben, um daraus Sauerkraut herzustellen, sind es die Organismen auf dem Kohl, die sich anschließend ausbreiten und die Arbeit beim Fermentieren übernehmen.

Discounterware wird in den meisten Fällen behandelt, um länger haltbar zu sein und um frischer auszusehen. Die Bestrahlung mit Gamma-Strahlung oder UV-Strahlung ist dabei sehr verbreitet. Das ist gut für den Discounter, schlecht für unsere Umwelt, denn diese Behandlung tötet auch die Probiotika auf dem Obst und Gemüse ab. Sie haben richtig gelesen – streng genommen ist auch jegliches Obst und Gemüse, das wir essen, probiotisch, und hat auf seiner Oberfläche Bakterien und Hefen, die sich in unserem Darm ansiedeln können. Das ist ein Grund, warum Kinder, die auf dem Land aufwachsen, eine höhere Darmdiversität haben –, weil sie ursprüngliche, probiotische Lebensmittel zu sich nehmen wie Fallobst oder Gemüse, das nur etwas gewaschen wurde und nicht bestrahlt. Eine höhere Darmdiversität unterstützt auch die Darmgesundheit und die Vielfalt an Postbiotika, die im Darm gebildet werden und Ihrem Körper nützen.

Lebewesen auf den Händen

Ihre Hände sind ebenfalls nicht steril – sie sind ein Biotop. Genau wie in Ihrem Mund oder Darm, hat Ihre Haut eine ganz eigene Flora. Die Hände haben eine sehr hohe Diversität an Mikroorganismen, da sie zwangsläufig mit verschiedenen Organismen in Kontakt kommen, weil wir täglich viele Dinge anfassen. Daher waschen wir uns auch die Hände nach dem Toilettengang und vor dem Essen – die eigene Hautflora wird dabei kaum beeinträchtigt, aber Fremdkeime werden abgespült.

Gut zu wissen

Wenn Sie nun Wilde Fermente zubereiten und das Gemüse anfassen – beim Zerkleinern und beim Einmassieren – gehen auch Mikroorganismen von Ihrer Haut auf das Gemüse über und helfen bei der Fermentation kräftig mit.

Viele Bakterien, deren Namen Sie in diesem Buch lesen, befinden sich auf Ihrer Haut ... *Bifidobacterium bifidum*, *Lactobacillus plan-*

tarum, Leuconostoc mesenteroides. Es ist vielleicht ein seltsamer Gedanke, aber wenn Sie Wilde Fermente vorbereiten, geben Sie wortwörtlich einen Teil von Ihnen (wie eine Geheimzutat) hinzu. Das ist im Hausgebrauch völlig in Ordnung und nützlich, in einer Großküche oder einem Betrieb, der sich auf Fermente spezialisiert hat, dürfte das aus hygienischen Gründen natürlich nicht so ablaufen. Aber da es sich hier um eine jahrtausendealte Zubereitungsart für den Hausgebrauch handelt, nenne ich es hier.

Die richtige Ausrüstung zum Fermentieren

Nachdem wir uns wichtige Grundlagen zum Fermentieren selbst und zur Starterkultur angesehen haben, geht es nun ans Eingemachte: die richtige Ausrüstung zum Fermentieren. Schließlich geht es uns nicht nur um gesunde und schmackhafte Fermente, sondern auch um eine sichere Fermentation. Schadkeime, Schimmel oder unkontrollierte Reaktionen möchten wir vermeiden. Die Fermentation von Gemüse findet immer in abgeschlossenen, sauberen Containern statt, in denen die Mikroorganismen ihre Ruhe und vor allem kontrollierte Bedingungen haben, um ihre Arbeit zu verrichten. In diesem Sinne ist unser Vorhaben hier anders als die Fermentation von Sauerteig (offenes Gefäß, z.B. eine Schüssel) oder die Fermentation von Getränken wie Kombucha (offener Gärbottich).

Daher benötigen Sie eine geeignete Grundausrüstung, die Fermentation zu einer spaßigen und sicheren Angelegenheit macht, statt zu einer Küchenschlacht *(das mit der Küchenschlacht ist mein Ernst, Fehler können passieren, aber über diese sprechen wir noch).*

Diese Grundausstattung werde ich Ihnen jetzt vorstellen, sie mutet wie eine Einkaufsliste an. Zu den meisten »Zutaten« werden Sie danach noch weitere Informationen finden.

Grundausstattung zum Fermentieren:

- Einmachgläser (verschiedene Größen, rostfreie Deckel)
- Glasflaschen mit Bügelverschluss
- Standmixer
- Zellstofftücher
- Gummibänder
- Gemüsereibe
- Zestenschäler
- Küchensieb
- Kochtopf
- Küchenwaage
- Glasgewichte
- Messbecher
- Krautstampfer

Mit dieser Ausrüstung sind Sie gut für die Fermentation gerüstet! Diese Werkzeuge finden sich in den meisten Haushalten und sollten kein Problem darstellen. Sollten Sie einige davon neu anschaffen müssen, werden Sie in üblichen Haushaltswarengeschäften (auch bei Butlers oder IKEA) fündig. In größeren Städten gibt es mittlerweile sogar Haushalts- oder Handwerks-Manufakturen (z.B. Manufactum), in denen Sie die Ausrüstung in hoher Qualität und gegebenenfalls mit weiterer Literatur finden. Einige nützliche Gegenstände, wie z.B. ideale Gläser mit rostfreiem Deckel oder Glasgewichte, können schwer zu finden sein, sind aber sehr wichtig und nützlich für unser Vorhaben. Online werden Sie etwa bei www.fairment.de fündig.

› Einmachgläser

In den Einmachgläsern findet die eigentliche Fermentation statt. Diese sollten halbwegs neu sein, mit einer glatten Oberfläche, ohne Sprünge und mit dickem Glas. Qualitätsgläser haben von Haus aus ein dickeres Glas und sind daher robuster. Bei der Fermentation kann sich zuweilen Druck aufbauen, dem nicht jedes Glas standhält. Auch bersten dünne Gläser häufig in der Spülmaschine oder beim Auskochen. Daher empfehle ich ein gutes Glas, das sicher ist und länger hält.

Ideal sind Gläser mit rostfreiem Schraubdeckel. Mit dem Schraubdeckel ist es sogar möglich, sich aufstauenden Druck abzulassen. Sollten diese nicht vorhanden sein, sind auch Weckgläser ein guter Einstieg. Hier ist auf einen sauberen Dichtungsgummi zu achten, um einen Schimmelbefall zu vermeiden.

Zudem ist es wichtig, Einmachgläser in verschiedenen Größen vorrätig zu haben. Je nach Rezept und fermentiertem Gemüse, ist es angenehm, auf verschiedene Größen zurückgreifen zu können. Für manche Rezepte lohnt es sich, direkt mehr herzustellen, um dann aus dem Vollen zu schöpfen, etwa bei Sauerkraut. In Honig fermentierten Ingwer werden Sie wahrscheinlich nicht im 2l-Format herstellen wollen, hier reicht ein kleines Glas.

Ich empfehle Gläser in den Größen um 500 ml, 1000 ml und 2000 ml. Von der Anzahl der Gläser können Sie es pyramidenförmig halten – von der größten Größe weniger, von den kleinen Größen mehr, da Sie diese auch häufiger benötigen werden und diese in der Lagerhaltung wenig Raum einnehmen.

› Glasflaschen mit Bügelverschluss

Für einige der aufgeführten Rezepte werden Glasflaschen nützlicher sein als Einmachgläser. Hierbei ist ebenso auf robustes

^ Zur Grundausstattung gehören auch Flaschen mit Bügelverschluss.

Glas zu achten, um den sich aufbauenden Druck abzupuffern. Braunglas ist Weißglas vorzuziehen, um Oxidation durch UV-Licht zu verhindern. Die Fermente bleiben so länger haltbar.

› Standmixer
Alternativ funktioniert auch ein Pürierstab. Einige Rezepte gelingen besser, wenn die Zutaten vorab oder nach der Fermentation püriert werden. Diverse Soßen und Brotaufstriche gehören dazu.

› Zellstofftücher
Diese Tücher sind als Abdeckung für manche Fermentationen gedacht. Zellstofftücher (auch Mulltücher) sind aus reiner Zellulose. Damit sind sie saugfähig und robust. Mit robust ist gemeint, dass sie lange haltbar sind, keine chemischen Reaktionen mit den Gläsern und den Fermenten eingehen und ihre Maschengröße konstant bleibt. Das ist wichtig, damit von außen keine Insekten wie Fruchtfliegen in das Ferment gelangen. Fruchtfliegen fühlen sich von allem, was süß und/oder sauer ist, angezogen, und legen dort gerne ihre Eier hinein. Das ist spätestens dann, wenn im Ferment Larven schlüpfen, sehr unappetitlich. Daher sind bei einigen Rezepten Zellstofftücher aufgeführt.

› Gummibänder
Um die Tücher am Gärgefäß zu befestigen, werden stabile und reißfeste Gummis benötigt. Ideal ist eine Dicke/Breite von 5 mm. Diese sind auch zur Abdichtung wichtig, damit keine Fruchtfliegen oder andere Insekten in das Gärgefäß krabbeln können.

› Gemüsereibe

Eine ordentliche Gemüsereibe kann Ihnen viel Schweiß und Arbeit ersparen. Etwa bei der Zerkleinerung von Kraut oder Gurken ist man mit einer Gemüsereibe aus Edelstahl gut bedient. Sehr hilfreich sind sogenannte Reibetürme, die Sie nicht in der Hand halten, sondern auf eine feste Unterlage stellen und so stabil das Gemüse reiben können.

› Zestenschäler

Dieses Gerät haben wahrscheinlich nur wenige im Haushalt, und doch sind sie erstaunlich effektiv: Zestenschäler ermöglichen die Herauslösung dünner Schalen-Scheibchen (Zesten) von Zitrusfrüchten. Es funktioniert auch mit einem Sparschäler, diese gehen jedoch regelmäßig kaputt und sind nicht dafür entwickelt. Mit einem scharfen Messer lassen sich auch Zesten abschneiden, gelingen aber eher zu dick. Mit einem Zestenschäler geht die Arbeit am einfachsten von der Hand beziehungsweise von der Zitrusfrucht.

› Küchensieb

Ein sauberes, stabiles Küchensieb aus rostfreiem Edelstahl ist Pflicht. Damit werden die Zutaten vor der Zubereitung oder teils auch nach der Fermentation gesäubert und von Rückständen befreit.

› Kochtopf

Ein paar Kochtöpfe in verschiedenen Größen kann ich auch empfehlen. Für die Sterilisation von Gärgefäßen werden sie ebenso benötigt wie zum Abkochen bestimmter Zutaten.

› Küchenwaage

Vertrauen ist gut, Kontrolle ist besser – manche Zutaten müssen genau abgewogen werden. Dafür wird eine gute Küchenwaage benötigt. Wer Gewürze oder Salz grammgenau abschätzen kann, darf das gerne machen – doch wer auf Nummer sicher gehen will, wiegt besser ab.

› Glasgewichte

Glasgewichte werden für viele hier neu sein und überraschend kommen, sind jedoch sehr hilfreich und wichtig, um Schimmel zu vermeiden, und werden daher empfohlen. Üblicherweise fermentiert das Gemüse in Salzlake oder im eigenen Salz. Dabei ist zu beachten, dass das Gemüse immer unter der Wasseroberfläche ist. Sobald es an die Oberfläche dringt, ist es für Schimmel empfänglich, und diesen möchten Sie tunlichst vermeiden. Glasgewichte stellen sicher, dass das Gemüse (und andere Zutaten) unter der Wasseroberfläche bleiben, sie beschweren diese. Sie verhindern auch, dass die gärenden Zutaten während des Gärprozesses aufgrund von Strukturveränderung oder Gasentwicklung an die Oberfläche steigen. Die Glasgewichte sollten in etwa so groß sein wie der innere Durchmesser der Gärgläser. Bei Fairment erhalten Sie diese Glasgewichte in guter Qualität.

› Messbecher

Selbsterklärend. Ein oder mehrere Messbecher für genaue Abmessungen zwischen 200 und 2000 ml sind ratsam.

› Krautstampfer

Früher wurden Kraut und andere Gemüsesorten vor der Fermentation mit den Füßen gestampft. Daher sagt man heute mancherorts immer noch umgangssprachlich »Krautstampfer« für Füße. Heute machen wir das nicht mehr mit den Füßen, stattdessen verwenden wir in der eigenen Küche einen Krautstampfer aus Holz. Dieser sorgt mit seiner gerillten Oberfläche dafür, dass die Oberflächenstruktur des Gemüses aufbricht und Zellen zerstört werden. Der austretende Zellsaft beschleunigt und erleichtert die Fermentation, dient den Mikroorganismen als Nahrungsgrundlage und bildet die Grundlage für die Flüssigkeit (Gärung im eigenen Saft).

Die richtigen Zutaten

Neben der richtigen Ausrüstung sind die richtigen Zutaten ebenso wichtig. Auch hier gibt es einige Punkte zu beachten, damit die Fermentation gut gelingt:

Bei den Zutaten, sprich Lebensmitteln, Hilfsmitteln und Gewürzen, ist Qualität das A und O. Qualität bringt Geschmack, Vielfalt, Nährstoffe und ermöglicht vor allem den Mikroorganismen eine bessere Arbeit. Beispielhaft können Sie sich das so vorstellen: Vergleichen Sie einen gespritzten und bestrahlten (also sterilen) Zucht-Apfel von der Obsttheke im Supermarkt mit einem frisch gepflückten Apfel von der Obstwiese. Zwei völlig verschiedene Dinge. Der sterile Supermarkt-Apfel hat viel Volumen, enthält viel Zucker, aber nur wenige Nährstoffe und natürliche Mikroorganismen auf seiner Oberfläche. Die Pestizide und das Wachs auf seiner Oberfläche können eine Fermentation sogar gänzlich verhindern, da die Mikroorganismen diese als Giftstoffe erkennen und sich weigern, mit uns zu arbeiten. Verständlich. Eine Wilde Fermentation wird dadurch sehr schwer.

^ Bio-Gemüse ist die beste Wahl für die Fermentierung.

Der Obstwiesen-Apfel hingegen ist vielleicht kleiner und sieht nicht so schön aus, ist dafür geschmacklich intensiver, gesünder und trägt auf seiner Oberfläche natürliche Mikroorganismen. Jene Mikroorganismen sind es, die später die Fermentation anregen (zusammen mit denen auf Ihrer Haut und aus der Luft). Was für den Apfel gilt, gilt auch für unser Gemüse und für die Rezepte. Alle verwendeten Zutaten sollten daher so frisch, regional, saisonal und natürlich wie möglich sein.

Bio ist konventionellem Anbau vorzuziehen. Regionale Ware ist Importware vorzuziehen, idealerweise sogar vom Bauern, Wochenmarkt oder Biomarkt um die Ecke. Der mikrobielle Fußabdruck von regionaler Ware ist das, was wir für die Wilde Fermentation ohne Starterkultur benötigen, da die Mikroorganismen auf den Zutaten mit denen in der Luft und denen auf Ihren Händen kompatibel sind, sich also kennen und gut kooperieren. Die Mikroorganismen auf einem chinesischen Kohlkopf sind gänzlich anders als auf einem deutschen Kohlkopf, und zusammen mit den »importierten« Mikroorganismen auf den Zutaten und den Mikroben in der Luft und auf den Händen, ergeben sich unkontrollierbare Fermente. Für Fortgeschrittene ist es vielleicht ein Experimentierfeld, aber für Anfänger würde ich es nicht empfehlen. Wir möchten kontrollierte, gleichbleibende Bedingungen – mit regionaler, frischer Bio-Ware ist dies am leichtesten zu erreichen.

Erste Wahl für das verwendete Gemüse (und Hilfsstoffe wie Honig, Gewürze und Kräuter) sollte daher der Biomarkt, Wochenmarkt oder Bauer von nebenan sein. Auch selbst angebautes Gemüse eignet sich gut. Nur wenn die Zutaten nicht anders bekommen werden können, sollte zu Gemüse aus konventionellem Anbau gegriffen werden. Dieses sollte jedoch vor der Verwendung gut gewaschen und abgetrocknet und idealerweise in Wasser mit etwas Natron oder Essig gelegt werden, um die Pestizide zu lösen, welche die Fermentation beeinträchtigen könnten.

Welches Gemüsesorten eignen sich?

Es gibt hier einige Faustregeln: Gemüse mit einer eher harten Konsistenz eignet sich für die Milchsäuregärung am besten. Es behält dabei seine feste Konsistenz. Hierunter fallen Wurzelgemüse, Zwiebelgemüse, Kohl und Knollen. Gemüse, das eher weich ist, wird durch den Abbau von Faserstoffen und die Säurebildung noch weicher. Manchmal ist das gewollt (z. B. bei selbstgemachtem Fermente-Ketchup), oftmals aber nicht. Nachtschattengewächse wie Tomaten, Paprika, Zucchini fallen in diese Kategorie.

Was ist mit frischen Salaten und »Grünzeug«? Diese Art von Gemüse enthält von Haus aus wenige Faserstoffe und noch weniger Zucker und bietet daher den Mikroben nur eine geringe Nahrungsgrundlage. Das Grüngemüse zerfällt während der Fermentation sehr schnell und eignet sich eher weniger für die Milchsäuregärung. Ganz im Gegensatz zu frischen Kräutern: Diese können bestimmten Fermenten den nötigen Pfiff geben und eignen sich in Maßen ganz wunderbar.

Müssen fertige Fermente blanchiert werden?

In den allermeisten Fällen sind die fertigen Fermente ... fertig und können direkt konsumiert oder bis zur Verwendung gelagert werden. In einigen Fällen empfiehlt es sich jedoch, die Fermente kurz zu blanchieren. Das ist bei den in diesem Buch vorgestellten Rezepten nicht nötig, sollte aber dennoch erwähnt werden: Bei Lebensmitteln, welche roh nicht konsumiert werden sollten, sollte auch das Ferment nicht roh konsumiert werden. Wir sprechen hier von Kartoffeln und Hülsenfrüchten wie Bohnen und Erbsen. Hintergrund sind die in diesen Lebensmitteln enthaltenen Antinährstoffe wie Phytinsäure und Lektine, welche erst durch das Blanchieren vollständig abgebaut werden und so unsere Verdauung nicht beeinträchtigen.

Für Gemüse (außer Kartoffeln), Beeren, Kräuter und alle Rezepte in diesem Buch muss das jedoch nicht sein. Durch das Blanchieren gehen auch die Mikroorganismen kaputt, und diese machen schließlich einen Großteil der Gesundheitseffekte aus.

Was ist mit Kräutern?

Manche Rezepte beinhalten frische Küchenkräuter oder Wildkräuter. Diese sollten am besten aus dem eigenen Garten/Balkon/Fensterbrett oder vom Wochenmarkt stammen. Nur in wenigen Rezepten ist von getrockneten Kräutern die Rede – wenn frische Kräuter thematisiert werden, empfehle ich Ihnen auch, sie frisch zu verwenden (nicht getrocknet). Frische Kräuter enthalten um ein Vielfaches mehr an ätherischen Ölen. Diese sind das, was den Geschmack später ausmacht.

Die Verwendung von Salz und Gewürzen

Salz und Gewürze müssen nicht zwingend regional sein. Das ist auch nicht immer möglich, es sei denn, exotische Gewürze wie Kurkuma und Ingwer werden mittlerweile auch in Mitteleuropa angebaut. Spaß beiseite! Auch hier ist auf Bio-Qualität zu achten, um den Gehalt an Pestiziden und unerwünschten Beistoffen minimal zu halten.

Welches Salz wird bei der Fermentation in diesem Buch empfohlen? In der Praxis haben sich ein gutes Steinsalz (nicht jodiert) und Meersalz bewährt. Da Letzteres jedoch immer häufiger Mikroplastik und andere ungünstige Stoffe enthält, ist nicht jodiertes Steinsalz wahrscheinlich die beste Wahl. Ein feinkörniges lässt sich dabei leichter abwiegen als ein grobkörniges. Da Jod eine leicht antibakterielle Wirkung hat, funktioniert die Gärung mit jodfreiem Salz besser – so werden die Mikroben nicht unnötig am Wachstum gehindert.

Gut zu wissen

Leitungswasser ist erfahrungsgemäß nicht immer so sauber, wie es scheint. Es kann daher auch eine Quelle für mikrobielle Verunreinigungen und Toxine (z. B. Schwermetalle) sein, welche die Fermentation beeinträchtigen. Ich empfehle daher, Leitungswasser zumindest grob zu filtern, um es von diesen Verunreinigungen zu befreien. Ein Aktivkohlefilter bietet sich hierbei an. Wenn Sie eine umfassende Wasserfilteranlage im Haus haben, ist das auch gut.

Die zwei Arten, Gemüse zu fermentieren

Sie merken, wie es jetzt immer mehr in die praktische Richtung geht. Schritt für Schritt nähern wir uns den Rezepten und der Umsetzung. In diesem Kapitel unterhalten wir uns über die zwei Arten, Gemüse zu fermentieren.

Im Gegensatz zu fermentierten Getränken (Kefir, Kombucha, Ingwerbier ...) und komplexen biotechnologischen Prozessen, die ich im Studium lernen durfte (eine Wissenschaft für sich), ist

^ Auch beim Salz sollte auf gute Qualität geachtet werden.

das Fermentieren von Gemüse sehr überschaubar. Man muss dafür nicht studiert haben, und auch für Anfänger ist es leicht umsetzbar. Sie werden sogar merken, dass es mit der Fermentation oder Haus-Gärung ein Klacks ist, wenn Sie einige wichtige Grundlagen verstanden haben.

Es gibt also zwei Arten, wie wir Gemüse fermentieren, und an diesen zwei Arten orientieren sich unsere Rezepte:

1. Fermentation im eigenen Saft
2. Fermentation in Salzlake

Fermentation im eigenen Saft

Die Fermentation findet immer in einem flüssigen Medium statt. Hier fühlen sich die Mikroorganismen wohl, können umherschwimmen und kommen leicht an ihre Substrate. In Flüssigkeit können sie außerdem ihre Umgebung mitgestalten, das heißt ansäuern, und schützen sowohl sich als auch das Ferment vor Verderbern wie Schimmel.

Bei der Fermentation im eigenen Saft stammt die Flüssigkeit aus dem jeweiligen Gemüse selbst. Da Gemüse zu etwa 90 % aus Flüssigkeit (Zellflüssigkeit) besteht, kann es mittels verschiedener Verfahren (raspeln, stampfen, kneten) zerkleinert und auf eine Weise so vorbehandelt werden, dass die Zellflüssigkeit teilweise austritt. Mit der Zellflüssigkeit haben die Mikroorganismen direkt eine wichtige Nahrungsgrundlage, da aus der »Gemüsezelle« wichtige Mineralstoffe, Vitamine, Antioxidantien und Zucker freigesetzt werden. Während die bei der Salzlake-Fermentation relevanten Mikroorganismen auf dem Gemüse vorhanden sind, ist bei der Fermentation im eigenen Saft die Luft und das manuelle Bearbeiten (z. B. mit den Händen) Quelle für die Mikroben. Die Diversität ist also höher als bei der Salzlake-Fermentation. Dagegen entstehen bei der Fermentation im eigenen Saft auch gänzlich neue Aromen.

Meist wird bei der Vorbehandlung des Gemüses Salz verwendet, welches aufgrund seiner groben Struktur dabei hilft, Zellen aufzubrechen. Seine hygroskopische (wasserziehende) Eigenschaft wiederum zieht Wasser aus den Zellen und erleichtert, ausreichend Flüssigkeit im Gärgefäß zu sammeln. Das Salz hilft außerdem dabei, die Fermentation zu kontrollieren, da Milchsäurebakterien es salzig mögen und das Salz viele Lebensmittel-Verderber am Wachstum hindert.

Fermentation in Salzlake

Bei dieser Vorgehensweise wird das Gemüse im Ganzen oder zerkleinert in Salzlake eingelegt und fermentiert. Die fleißigen Mikroben für die Fermentation sind dabei bereits auf dem Gemüse (oder anderen Zutaten) ganz natürlich vorhanden. Die Fermentation selbst ist eher oberflächlich, da es nur geringfügig zum Austritt von Zellflüssigkeit kommt und die Salzlake als Medium sehr konstant ist.

Bei dieser Art von Fermentation ist die Diversität an entstehenden Fermenten geringer, dafür sind die Bedingungen konstanter und planbarer. Soll heißen, es kann auch nicht so viel schiefgehen. Da die Oberfläche des Gemüses geringer ist als bei der Vergärung im Ganzen oder in Scheiben/Stücken, dauert die Fermentation insgesamt länger. Während Sauerkraut oder Kimchi bereits nach wenigen Tagen verzehrfertig sind, dauert es bei Gurken in Salzlake länger (1–2 Wochen).

Gut zu wissen

Bevor es an die richtigen Zubereitungsarten geht, ein Wort zum Salz. In den meisten Rezepten finden Sie Salz für eine spätere 2 %ige oder 3 %ige Konzentration im Ferment (entspricht im etwa dem Mittelmeer). An diese Konzentrationen sollten Sie sich penibel halten, da die Mikroben, welche wir unterstützen wollen, strenge Vorgaben an ihr perfektes Milieu haben. Hier lohnt es sich also, für die besten Ergebnisse nachzuwiegen.

Auf jedes Kilo Gemüse kommen bei der Fermentation im eigenen Saft in der Regel 20 g Salz. Der ergibt eine 2 %ige Konzentration im fertigen Ferment (bei Fermentation in Salzlake rechnen wir Salz pro Flüssigkeit und daher meist mit einer 3 %igen Salzlake, also z. B. 30 g Salz pro Liter Wasser.

Am einfachsten lässt sich die Salzmenge berechnen wie folgt:

1. Stellen Sie eine große Schüssel auf Ihre Waage und stellen Sie das Gewicht mit der Tarafunktion auf 0.
2. Geben Sie alles Gemüse in die Schüssel.
3. Wie viel Gramm zeigt die Waage an? Diese Zahl wird mit 0,02 multipliziert. Das entspricht der Grammmenge des zu verwendenden Salzes. Für eine 3 %ige Salzlake lösen Sie 30 g Salz in einem Liter kaltem Wasser auf.

Das kleine 1×1 der Küchenhygiene

Ein paar Grundlagen über Küchenhygiene sind unabdingbar. Hygiene verhindert, dass es bei Ihren ersten Fermentationen zum Aufkommen von Schimmel, Schadkeimen oder zu langsamer oder zu schneller Fermentation kommt – stattdessen hilft sie zu Planbarkeit und vor allem zu einem einzigartigen und gesunden Geschmackserlebnis. Sie möchten gesunde, leckere und vor allem sichere Fermente kreieren, die Ihnen und Ihren Mitmenschen lange viel Freude und Gesundheit ermöglichen? Dazu sollten einige Küchenhygiene-Grundlagen beachtet werden.

Wenn Sie Lebensmittel unkorrekt lagern oder fermentieren, können sich Bakterien innerhalb weniger Stunden bei Raumtemperatur so stark vermehren, wie in mehreren Wochen bei +2° C. Der Effekt potenziert sich, weil sich die Keime temperatur- und zeitabhängig vermehren – und zwar exponentiell. Die nachfolgenden Tipps helfen Ihnen, eine gute Küchenhygiene einzuhalten und die perfekte Umgebung für die Zubereitung von Fermenten zu bieten.

› Richtiges Händewaschen

Vor dem Arbeitsbeginn, nach jeder Arbeitsunterbrechung oder beim Wechsel zwischen unterschiedlichen Lebensmitteln sollten Sie Ihre Hände waschen. Kleine Sache – große Wirkung. Es dauert mindestens 30 Sekunden und schließt die Unterarme, Zwischenräume, einzelne Finger und Fingerkuppen mit ein. So wird es auch an Koch-Schulen gelehrt:

Sie feuchten die Hände mit lauwarmem Wasser an

… seifen die Hände, Finger, Fingerkuppen, Unterarme und Zwischenräume gründlich ein,

… spülen mit lauwarmem Wasser nach,
… trocknen mit einem sauberen Tuch ab,
… schließen den Wasserhahn mit dem Tuch.
Die besten Ergebnisse erzielen Sie, indem Sie eine Nagelbürste verwenden und diese mindestens 1× wöchentlich in der Spülmaschine reinigen. Vermeiden Sie es ab jetzt, sich im Gesicht oder an den Haaren zu berühren oder zu kratzen. Wussten Sie, dass richtiges Händewaschen bereits bis zu 99 % der Keime entfernt?

› Eine gute persönliche Hygiene und Gesundheit

Sie sollten gepflegt und gesund sein, um sich und andere nicht zu gefährden. Bringen Sie nichts Gefährliches in die Küche und das Essen. Aber was, wenn Sie selbst der Gefahrenherd sind? Küchenhygiene beginnt und endet mit dem Koch selbst.

› Rein und unrein klar trennen

Alles, was Sie in Ihre saubere, gepflegte Küche bringen, ist »dreckig« und stellt ein Risiko dar. Durch schälen, waschen und erhitzen stellen Sie sicher, dass diese Risiken beherrschbar sind. Dabei sollten Sie immer chronologisch vorgehen und immer von dreckig nach sauber arbeiten. Also: Gemüse waschen, schälen, geschältes Gemüse auf einen sauberen Teller zwischenlagern und dann auf einem sauberen Brett zerkleinern und wieder auf den sauberen Teller legen, bis es verwendet wird. Wenn es länger dauert, wird es abgedeckt und unter +2 bis 5 °C (im Kühlschrank) gelagert. Wer die Abläufe vermischt, verschleppt Keime.

Achten Sie darauf, dass Ihr Arbeitsplatz immer sauber ist und Sie Ihre Küche regelmäßig mit Wasser, Seife und sauberen Tüchern reinigen. Man hat festgestellt, dass Küchen, in denen Desinfektionsmittel vorhanden sind, schlechter gereinigt werden als andere. Soll heißen: Die Desinfektion ersetzt keine banale Reinigung mit Wasser und Seife, denn durch Desinfektion werden keine Eiweiß-, Kohlenhydrat- und Fettreste entfernt, welche den Nährboden für Keime bilden.

› Spülmaschine

Natürlich können Sie alle Utensilien vor und nach dem Gebrauch auch mit der Hand waschen, doch in der Spülmaschine wird es mit großer Sicherheit und Konstanz sauber und steril. Bei der Handwäsche kann es unter anderem durch verwendete Lappen und Schwämme zu mikrobiellen Verunreinigungen kommen. Wussten Sie, dass Küchenschwämme wahre Dreckschleudern sind und sich darin mehr Mikroben tummeln als unter einer normalen Kloschüssel? Daher empfehle ich lieber die gute alte Spülmaschine.

› Korrekte Lagerung

Lagern Sie Lebensmittel immer entsprechend den Herstellerangaben. Selbst hergestellte Speisen sollten immer abgedeckt oder in fest verschlossenen Gefäßen gelagert werden. Die Lagerdauer richtet sich stark nach dem Produkt. Vorgekochtes Gemüse oder fertige Speisen würde ich maximal drei Tage bei +2° C aufbewahren, wenn diese richtig abgekühlt wurden.

Unterscheiden Sie zwischen Mindesthaltbarkeitsdatum und Verbrauchsdatum. Das ist nicht so trivial, wie man denkt:

Mindesthaltbarkeitsdatum (MHD) = mindestens haltbar bis, der Hersteller garantiert für die gewünschte Produkteigenschaft bis zu diesem Datum. Muss danach nicht gefährdend sein (z.B. Joghurt), aber es ist keine Sicherheit mehr garantiert.

Verbrauchsdatum = muss bis zu diesem Datum verbraucht werden, weil sonst Gefahr besteht (z.B. Hackfleisch).

› Sterilisation

Utensilien (und manche Zutaten) sollten nicht nur sauber, sondern sehr häufig auch steril sein. Besonders wichtig ist dies bei verwendeten Schüsseln, Flaschen, Einmachgläsern und deren Dichtungsgummis.

Da Sie wahrscheinlich nicht wie jedes Chemielabor einen Dampfsterilisator haben (Autoklav), tut es kochendes Wasser auch. Sie können auf dem Herd in kochendem Wasser ebenso sterilisieren wie durch Überbrühen mit kochendem Wasser. Letzteres ist schnell, unkompliziert und hat sich in der Praxis bewährt.

Auch hierfür ist es wichtig, dass Sie bei den Gläsern und Gefäßen Qualitätsware verwenden, die nicht sofort springt oder reißt, wenn sie mit kochendem Wasser in Berührung kommt. Wichtig ist, dass Schüsseln, Flaschen und Gläser von außen mit Keimen in Kontakt treten dürfen, jedoch das Innenleben nicht. Diese Gefäße stelle ich immer in die saubere (!) Spüle und überbrühe sie einmal großzügig mit kochendem Wasser (vom Herd oder Wasserkocher). Dabei ist wichtig, dass alle Kontaktflächen und Ränder mit dem kochenden Wasser sterilisiert werden. Außerdem geben Sie ein wenig kochendes Wasser ins Innere und schwenken es vorsichtig, ohne sich selbst dabei zu verbrühen. Danach ausleeren.

Dichtungsgummis sollten separat sterilisiert werden. Diese geben Sie in eine kleine Schale oder Schüssel und übergießen sie komplett mit kochendem Wasser, sodass sie gut mit Wasser bedeckt sind. 30–60 Sekunden einwirken lassen, danach das

Wasser vorsichtig abgießen und Gummis mit sauberen Händen wieder an die Dichtung anbringen.

› Alkohollösung

Manche Geräte und Gefäße sind zu groß, um sie im Geschirrspüler oder mit kochendem Wasser zu sterilisieren. Hier bietet sich eine 70 %ige Alkohollösung (Ethanol) an. Mit einem Küchentuch und der Alkohollösung das jeweilige Gerät vorsichtig an allen relevanten Stellen abwischen. 70 %ige Alkohollösung funktioniert besser als 95 %- oder 100 %ige. Der Grund ist ein mikrobiologischer: Alkohol wirkt desinfizierend, indem er Wasser aus den Mikroorganismen zieht und sie dadurch innerlich vertrocknen lässt. Dieser Effekt ist bei 70 %igem Ethanol um ein Vielfaches stärker als bei einer 100 %igen Lösung.

› Ihre fünf Sinne

Ihre fünf Sinne sind ebenso Teil der Küchenhygiene. Bleiben Sie immer aufmerksam bei allem, was Sie sehen und wahrnehmen. Fällt Ihnen optisch etwas an den Zutaten, Gerätschaften oder dem fertigen Ferment auf? Hat sich ein weißer Film aus Schimmel auf den sauren Gurken gebildet? Riecht es nach dem Öffnen nicht so, wie es riechen sollte? Fühlt sich der Krautkopf zu weich an und könnte bereits überreif sein? Bleiben Sie aufmerksam und neugierig – mit den in diesem Kapitel erwähnten Hygienetipps sind Sie auf der sicheren Seite, sprichwörtlich!

Mythen, Vorurteile und häufige Fragen zur Fermentation – mit Paul Seelhorst

Einige Mythen, Vorurteile und häufige Fragen, die sich besonders bei Beginnern auftun, möchte ich Ihnen gerne im Anschluss vorstellen. Manche dieser Fragen kommen meist vor den ersten Blubber-Versuchen oder auch währenddessen auf.

Bei der Beantwortung der Fragen habe ich Unterstützung von Paul Seelhorst, einem absoluten Fermentations-Profi und einer der führenden Wilde-Fermente-Unternehmer Deutschlands, erhalten. Lesen Sie aufmerksam die Antworten und profitieren Sie vom Wissen eines Profis.

Was sind häufige Vorurteile und Mythen, die du über Fermente liest?

Mythos 1: Gläser bei der Gemüse-Fermentation müssen täglich geöffnet werden.

Idealerweise lassen Sie Ihr Glas während der gesamten 3–4-wöchigen Fermentationszeit geschlossen. In der ersten Phase der Milchsäuregärung entsteht Kohlenstoffdioxid (CO_2), welches von den Milchsäurebakterien gebildet wird. Dieses legt sich als schützende Schicht oben im Glas über die Oberfläche des Ferments. Schimmel oder unerwünschte Kahmhefe brauchen Sauerstoff, um zu überleben, und haben jetzt also keine Chance mehr, sich über das Gemüse herzumachen.

Würden Sie das Glas öffnen, würde diese schützende Gasschicht verwirbelt werden und sich nicht wieder neu bilden, da nur in den ersten Tagen Kohlenstoffdioxid produziert wird. Deshalb ist es für die Haltbarkeit besser, wenn das Glas geschlossen bleibt, bis der pH-Wert niedrig genug, das Ferment ordentlich angesäuert und damit bereit zum Verzehr ist.

Wenn Sie aber zum allerersten Mal fermentieren und sehr neugierig sind, wie sich das Gemüse mit der Zeit geschmacklich entwickelt und gern auch schon nach ein bis zwei Wochen mal kosten möchten, dann machen Sie das ruhig. Nach dieser Zeit ist die Gefahr, dass sich Schimmel oder Ähnliches auf dem Gemüse bildet, relativ gering. Bei regelmäßigem Öffnen und Probieren empfiehlt es sich, immer zu überprüfen, ob die Glasgewichte tief genug gedrückt sind, sodass das Gemüse nicht aus der Lake herausspitzt.

Mythos 2: Equipment aus Metall darf nicht verwendet werden.
Dieser Mythos stammt aus Zeiten, in denen es noch nicht wirklich Edelstahl gab und Metall oft rostete, wenn es in Kontakt mit säurehaltigen Dingen kam. Solange Sie immer Edelstahl nutzen, ist das vollkommen fein!

Mythos 3: Für die Fermentation von Gemüse benötigt man eine Starterkultur.
Die Milchsäuregärung ist ein Fermentationsprozess, der sehr zuverlässig mit der auf dem Gemüse vorhandenen Mikroflora abläuft. Alles, was Sie machen müssen, ist den Milchsäurebakterien die richtigen Bedingungen zum Überleben zu schaffen. Im Internet finden Sie manchmal den Tipp, Ihr fermentiertes Gemüse mit etwas fertigem Sauerkrautsaft anzuimpfen.

Das ist tatsächlich nicht notwendig und kann sogar schädlich für eine gute Entwicklung des Ferments sein. Die Arten von Milchsäurebakterien, die in der 1. Phase aktiv sind, sind nicht dieselben wie die, die in der 2. Phase aktiv sind. Zusätzlich reagieren Bakterien empfindlich auf Säure. Mit dem fertigen Sauerkrautsaft würden Sie also das Ferment mit den falschen Mikroben für die Anfangsphase impfen und es zusätzlich auch eventuell zu stark ansäuern. Molke ist ebenso wenig zum Animpfen geeignet, hier sind ebenfalls andere Milchsäurebakterien enthalten. Statt Salzlake zu verwenden, nutzen manche Leute auch Essig, was dann aber ein ganz anderes Ferment wird, bzw. je nach Essig nicht mal richtig fermentiert.

Mythos 4: Gefährliche Keime können entstehen.
Botulismus ist eine schwere Nahrungsmittelvergiftung, die lebensbedrohlich sein kann. Die Krankheit wird durch den Verzehr von schlecht konservierten Lebensmitteln ausgelöst. Das Bakterium *Clostridium botulinum* produziert diesen Giftstoff.

Doch Botulismus kann sich in Ihren selbst gemachten Gemüsefermenten nicht ausbreiten, da sie schlicht zu sauer und zu salzig sind. Das kann nur beim Einkochen und Einwecken entstehen oder bei Nahrung aus der Dose.

Haben Sie also keine Angst. Wird Ihr Ferment nichts, können Sie das auch riechen, schmecken oder sehen. Ganz selten und nur bei unsachgemäßer, langer Lagerung kann es vorkommen, dass das Gemüse schimmelt. Sie können das zweifelsfrei mit Ihrer Nase feststellen (dazu ist die Nase da).

Das verdorbene Gemüse entsorgen Sie auf dem Kompost. Wenn Ihr Ferment seltsam schmeckt, ist das meist nur ein kulinarisches Problem und weist nicht auf einen gefährlichen Verderb hin. Fermentiertes Gemüse hat wie Sauerkraut einen etwas »gärigen« Geschmack, das ist völlig normal. Das Gemüse ist in der Lake bzw. in seinem eigenen Saft sehr gut geschützt durch die Säure und die Milchsäurebakterien.

Was sind häufige Anfängerfehler, wenn es um fermentiertes Gemüse geht?

Nr. 1: Ungeduld und Neugier sind zu groß.

Wie eben schon beschrieben, könnten Sie das Glas zu früh öffnen.

Nr. 2: Fermentation wird zu früh abgebrochen.

Wie bei den meisten Fermenten, können Sie entscheiden, wann Sie Ihr Gemüse essen möchten! Theoretisch ist milchsauer vergorenes Gemüse, welches Sie auch roh essen können, zu jedem Zeitpunkt der Fermentation essbar.

In der ersten Woche schmeckt das Gemüse wegen des in der Zeit entstehenden Kohlenstoffdioxids etwas prickelig und ist noch nicht besonders sauer. Der richtige fermentierte Sauerkrautgeschmack entsteht erst nach etwa 3–4 Wochen Fermentationszeit.

Nr. 3: Hygiene wird vernachlässigt.

Ein Wildes Ferment herzustellen ist eine sichere Sache und funktioniert fast immer, wenn Sie einige einfache Hygieneregeln befolgen. Sie müssen nur für eine grundsätzliche Sauberkeit sorgen. Vor dem Ansetzen eines neuen Ferments sollten Sie Ihre Hände gründlich mit Wasser und Seife waschen. Wenn etwas auf den Boden gefallen ist, Sie tierische Produkte angefasst oder zwischendurch Haustiere gestreichelt haben, Hände erneut waschen. Das Gärglas und die anderen Utensilien sollten sauber sein und vor dem Gebrauch mit heißem Wasser und Spülmittel gereinigt werden.

Nr. 4: Es wird zu viel oder zu wenig Salz verwendet.
Generell ist für die Fermentation ein Salzgehalt zwischen 1 bis 5 % möglich. Je nach Salzmenge variieren auch Geschmack und Konsistenz der Fermente. Bei einem höheren Salzgehalt von 10 % und mehr findet keine Fermentation mehr statt, da die Mikroorganismen in dieser Umgebung nicht überleben können.

Nr. 5: Gläser werden zu niedrig befüllt.
Wenn Sie die Gläser zu niedrig befüllen, kann es sein, dass in den ersten Tagen der Fermentation noch zu viel Sauerstoff im Glas vorhanden ist und sich zu wenig schützendes Kohlenstoffdioxid darin ausbreiten kann. Befüllen Sie das Glas also optimalerweise immer so hoch wie möglich, aber vergessen Sie nicht, noch etwas Platz für das Glasgewicht zu lassen.

Nr. 6: Von 0 auf 100 – der Darm wird überfordert.
Das fertige Ferment schmeckt so lecker, dass sofort große Mengen gegessen werden. Der Darm kann dann in seltenen Fällen überfordert sein. Tasten Sie sich, falls Sie eine sensible Verdauung, Darmbeschwerden oder Histaminprobleme haben, am besten langsam an den Genuss heran.

So geben Sie Ihrem Körper Zeit, sich an die lebenden Mikroorganismen zu gewöhnen. Wie viel Ferment Sie dann täglich essen mögen, bleibt allein Ihnen überlassen. Ich esse am liebsten zu jeder Mahlzeit ein bisschen davon als rohe Beilage, ähnlich wie einen Salat. Die Koreaner machen das genauso mit ihrem Kimchi.

Drei wichtige Tipps für Anfänger

Was sind wichtige Tipps für den Anfang, die du unseren Lesern, die sich an fermentiertem Gemüse versuchen möchten, mitgeben kannst?

Tipp 1: Das richtige Equipment ist wichtig.

Bestenfalls besitzen Sie Equipment, welches Sie davor bewahrt, dass Ihr Ferment schimmelt und/oder dass es das Fermentationsgefäß zum Bersten bringt. Ich nutze dafür immer ein stabiles, dickes Glas, in welchem ich mit einem Glasgewicht (s. Kapitel zur Ausrüstung, S. 62 ff.) das Gemüse zu 100 % unter die Lake drücken kann, ohne dass das Gemüse an den Rändern wieder hochkommt. Außerdem nutze ich einen Deckel, der ein Ventil hat, damit sich bildende Gase oder auch mal hochsprudelnde Flüssigkeit zur Not entweichen können. Außerdem hat mein Deckel eine Möglichkeit einzustellen, wann ich das Ferment angesetzt habe, sodass ich die Zeit der Gärung nicht aus den Augen verliere.

Tipp 2: Der Kreativität sind keine Grenzen gesetzt.

Bei so vielen verschiedenen Gemüsen, Kräutern, Obstsorten und Gewürzen können Sie beim Fermentieren immer wieder neue Geschmackskombinationen erkunden. Langweiliges Sauerkraut aus dem Laden war gestern!

Tipp 3: Holen Sie Ihr Gemüse in Bio-Qualität.

Generell empfehle ich Ihnen, möglichst unbehandeltes Gemüse in Bio-Qualität zu verwenden. Damit tun Sie sich, der Umwelt und den Mikroben etwas Gutes.

Vielen Dank für deine Zeit, lieber Paul!

^ Mit Sauerkraut gelingt die erste Fermentation problemlos.

FAQ

Im Anschluss werden noch weitere häufige Fragen geklärt, die vor Ihrer ersten Fermentation und Kostprobe angesprochen werden sollten:

Wie lange halten sich fertige Fermente?

Fertige Fermente sollten bei Raumtemperatur kühl und dunkel gelagert werden. Sie werden jedoch mit der Zeit immer saurer. Um diesen Prozess zu verlangsamen, empfiehlt es sich, sie im Kühlschrank zu lagern und zügig aufzubrauchen, da die Fermentation weitergeht. Etwa 1–2 Wochen halten sich fertige Fermente bei vollem Aroma. 2–4 Wochen geht auch, aber dann nimmt der Säuregehalt immer mehr zu.

Wie lange dauert die Fermentation?

Das ist abhängig von der Menge, Größe des Gärgefäßes und des Rezeptes. Kimchi geht sehr schnell und kann bereits nach zwei Tagen fertig sein, während Sauerkraut 1–2 Wochen braucht. Die Faustregel besagt, dass das Ferment nach 1–2 Wochen fertig ist. In den Rezepten finden Sie immer Hinweise, ab wann Sie probieren können.

Wie lagere ich das Ferment während der Gärung?

Wilde Fermente sollten am besten in den ersten 5–7 Tagen in der Küche an einem geschützten Ort gelagert werden. In der Küche ist es etwas wärmer, so kommt die Fermentation am besten in Gang. Nach 5–7 Tagen kann das Ferment dann in den Kühlschrank (kurze Fermentationsdauer) oder noch für 1–2 Wochen in einem Lagerraum gelagert werden (längere Fermentationsdauer, z.B. bei Sauerkraut). Am besten ist es, Sie schaffen sich

Platz in einem eigenen Fach im Lagerregel/Lagerschrank, an dem die Wilden Fermente fröhlich vor sich hin blubbern können.

Was ist der weiße Film auf meinem Ferment?

Weißer Film ist zumeist Kahmhefe, eine lästige, aber nicht gefährliche Hefe, die in der Luft und auf unseren Händen vorkommen kann. Selbst Fermentier-Profis kommt sie manchmal unter. Sollten Sie Probleme damit haben, seien Sie beim nächsten Mal noch ein wenig vorsichtiger. Entfernen Sie die Kahmhefe an der Oberfläche großzügig und entscheiden Sie sensorisch (Aussehen und Geschmack), ob Sie das Ferment noch verzehren möchten oder nicht. Es ist gesundheitlich unbedenklich, nur auf den Geschmack kann es sich auswirken.

Warum riecht mein Ferment so komisch?

Bei der Fermentation werden viele Aromastoffe frei, viele davon kennen wir nicht oder nicht mehr. Wenn Sie an einem völlig neuen Käse riechen, zum Beispiel einem Schimmelkäse, kann er auch mal streng und ungewohnt riechen, oder?
Also: Vom Geruch nicht verunsichern lassen.

Mein Ferment ist übergelaufen. Was soll ich tun?

Das Gefäß von außen vorsichtig sauber machen und abtrocknen. Sehen Sie nach, ob das Gemüse noch mit Flüssigkeit bedeckt ist. In der Regel gelangt beim Überlaufen nichts in das Gefäß, nur hinaus.

In den ersten Tagen der Milchsäuregärung können sich zuweilen viel Gas oder reichlich Blasen bilden, sodass das Volumen des Ferments zunimmt. Daher lassen wir auch immer nach oben zum Gefäßrand einige Zentimeter Platz.

Enthalten Wilde Fermente Histamin?

Histamin ist ein Botenstoff, den unser Körper nutzt, um Informationen zu übermitteln. In Lebensmitteln kann Histamin als Abbauprodukt der Aminosäure Histidin durch mikrobiellen Abbau entstehen. Manche Menschen reagieren sehr sensibel auf diesen Stoff, es kann zu einem Symptom namens Histaminintoleranz kommen.

Wilde Fermente, wie sie in diesem Buch vorgestellt werden, enthalten geringe Mengen Histamin. Diese Mengen sind deutlich geringer als bei Rotwein oder Käse, aber dennoch ist das Histamin vorhanden. Menschen mit Histaminintoleranz sollten sich daher vorsichtig an die Fermente herantasten und beobachten, welche vertragen werden und welche nicht. Erfahrungsgemäß enthält fermentiertes Grüngemüse weniger Histamin als Nachtschattengewächse oder Kohl.

Mein Ferment blubbert wie wild. Ist das normal?

Während Gärungsprozessen ist die Bildung von Gasen (Hauptsächlich Kohlendioxid) völlig normal. Wenn die Gasentwicklung zu stark ist, stellen Sie das Ferment an einen kühleren Platz. Steht es zu warm, bilden sich vermehrt Hefen, was mit einer starken Gasbildung einhergehen kann. In seltenen Fällen kann es nötig sein, das Ferment kurz zu »lüften«, wenn sich zu viel Druck aufbaut.

Mein Ferment blubbert nicht. Woran liegt es?

Nicht jedes Ferment muss blubbern. Manchmal entstehen auch nur wenige Gase, oder diese diffundieren nicht sichtbar als Mikrobläschen an die Oberfläche. Solange die Fermentationsbedingungen gut waren und das Ferment an einem kühlen, dunklen und geschützten Ort gelagert wurde, wird Ihr Ferment wahrscheinlich einfach länger brauchen. Nach sieben Tagen können Sie es mal öffnen und überprüfen, ob sich etwas getan hat.

Können gefährliche Keime wie Clostridium botulinum in mein Ferment gelangen?

Das ist sehr unwahrscheinlich. Durch die Verwendung von Salz (meist 2 %ig oder 3 %ig) wird dem Wachstum von Schadkeimen vorgebeugt. Gefürchtete Keime wie Clostridien sind zudem Protein-Verzehrer, welche sich eher in tierischen Fermenten einnisten können, in Wilden Fermenten, die sehr proteinarm sind, eher nicht. Zumal Milchsäurebakterien ihren »Lebensraum« gegen Schadkeime aufs Äußerste verteidigen. Wenn Sie sich an die Rezepte und Vorgaben zur Küchenhygiene halten, brauchen Sie vor schadhaften Keimen keine Angst zu haben.

Woran erkenne ich, dass mein Ferment fertig ist?

Die Rezepte enthalten einige Orientierungshilfen, ebenso die vorhin genannten Standard-Vorgehensweisen. Wann das Ferment jedoch fertig ist, entscheiden Sie! Wie sauer mögen Sie es? Mit der Zeit werden Sie lernen, welches Ferment wie lange braucht und wann es Ihnen am besten schmeckt. Zu Beginn können Sie sich gerne an der Faustregel (1 Woche für Fermente im eigenen Saft, 2 Wochen für Salzlake-Fermente) orientieren. Ausnahmen bilden Kimchi (meist nach 2–3 Tagen fertig) sowie Sauer- und Rotkraut (kann bis zu 6 Wochen dauern).

Am besten, Sie beschriften die Fermente-Gläser mit der Angabe, wann Sie das Ferment angesetzt haben. So haben Sie auch bei verschiedenen Fermenten immer im Blick, was schon wie lange gärt.

Fermentiertes Gemüse und Obst – Rezepte

Im dritten Teil soll es nun um Rezepte gehen. Um die eigentliche Praxis. Um die Umsetzung des bisher Gelernten, damit Sie auf regelmäßiger Basis von leckeren und gesunden Wilden Fermenten profitieren.

Sie finden in diesem Teil Rezepte zu den zwei Fermentationsarten, also Rezepte für die Fermentation im eigenen Saft sowie zur Fermentation in Salzlake. Jeweils ein Standardrezept, das Sie nach Belieben abändern können, wenn Sie mehr und mehr Erfahrung sammeln, sowie kreative und andersartige Rezepte, die Ihnen die Augen dafür öffnen, wie bunt und vielseitig die Welt der Fermente ist.

Die Rezepte sind eher knapp gehalten, damit Sie sie bei der Durchführung offen neben sich liegenlassen und jederzeit nachlesen können. Weitere leckere Rezepte zur Fermentation und gesunden Lebensführung finden Sie in meinem Gesundheitsmagazin www.schnelleinfachgesund.de.

Fermentation im eigenen Saft – Standardrezept

Beginnen wir mit der klassischen Vorgehensweise für die Fermentation im eigenen Saft. In den Rezepten in diesem Buchteil finden Sie diese leicht abgewandelt vor.

Sie können dieses Standardrezept mit Gemüse, Kraut und Gewürzen Ihrer Wahl in die Tat umsetzen. Ich empfehle, mit einem Kraut-/Kohlgemüse wie Weißkraut oder Rotkraut zu beginnen, um eine erste Übung zu bekommen. Kohl gelingt am einfachsten, ist günstig und das Ergebnis ist wohlbekannt.

Zubehör
Schüssel
Messer
Gemüsereibe
Hobelbrettchen
Waage
Gärgefäß
Glasgewicht

Zutaten
Gemüse oder Kraut der Wahl
Salz

Vorgehensweise

- Kraut oder Gemüse waschen, bis es komplett von Erde gesäubert ist. Dabei immer auch auf die Küchenhygiene achten. Schneiden oder hobeln Sie es in kleine Stücke.
- Je feiner es geschnitten wird, desto schneller und einfacher geht das Kneten und die spätere Fermentation. Also lieber etwas zu klein geschnitten/gehobelt als zu grob.
- Geben Sie Kraut, Gemüse und Gewürze in eine ausreichend große Schüssel und berechnen Sie die nötige Menge Salz (2 %) – für 1 kg Sauerkraut oder Kimchi wären das 20 g Salz. Salz gut verteilen.

- Salz mit beiden Händen herzhaft und engagiert für einige Minuten in das Gemüse nach Wahl einmassieren, um die Zellen aufzubrechen. Es sollte sich nach und nach Zellwasser in der Schüssel sammeln. Alternativ kann auch mit einem Holzstößel gestampft werden.
- Wer nicht gerne minutenlang knetet und mörsert, kann einen kleinen Trick nutzen: Salz nur kurz in das Gemüse einmassieren, sodass es gut vermengt ist, mit einem Mulltuch abdecken und für einige Stunden an einem ruhigen, kühlen Ort stehen lassen. Dank Osmose zieht das Salz in der Zeit auch Zellwasser aus dem Gemüse/Kraut.
- Anschließend schichten Sie Gemüse/Kraut in ein geeignetes Gärgefäß und drücken jede Schicht gut zusammen, damit sich die Zwischenräume füllen und keine Luft mehr enthalten ist. Auch keine kleinen Luftbläschen – sonst bildet sich Schimmel. Als oberste Schicht können Sie einige Blätter/Kohlblätter verwenden, um eine gewisse Abdeckung zu erreichen.
- Beschweren Sie Ihr Ferment anschließend mit einem Glasgewicht, sodass das Gemüse unter der Wasseroberfläche bleibt. Das ist besonders wichtig und hat sich sehr bewährt. Jedes Gemüse, das oben aus der Wasseroberfläche herausschaut, kann nicht fermentiert werden (da es dafür ein anaerobes, d.h. sauerstoffarmes Milieu braucht) und könnte dadurch schimmeln.
- Sollte sich durch das Kneten nicht genügend Flüssigkeit gebildet haben, können Sie zusätzlich eine 2%ige Salzlake zusammenrühren und das Gemüse damit aufgießen, sodass das Gemüse komplett bedeckt ist.
- Zum Rand des Gefäßes sollten etwa 2–3cm Platz belassen werden, sodass das Gefäß trotz Blubbern nicht überlaufen

kann, das Gemüse nicht mit dem oberen Rand in Kontakt kommt (Schimmelgefahr) und sich auf der anderen Seite nicht zu viel Druck aufbaut.

- Gefäß auf einen Teller stellen, falls beim Schließen des Gefäßes etwas überläuft.
- Verschließen Sie das Gärglas luftdicht und idealerweise so, dass überschüssiger Druck entweichen kann. Dazu gibt es für den Hausgebrauch sogenannte Extraktor-Pumpen, welche die Luft aus dem Gärgefäß ziehen. Fairment bietet solche auch an. Das ist zwar optional (Gläser mit Bügelverschluss und ohne Druckausgleich funktionieren auch gut), macht aber die ganze Fermentation viel angenehmer, sicherer und schneller.
- Gärgefäß mit Inhalt und Datum beschriften.
- Lassen Sie Ihr Ferment 5–7 Tage bei Zimmertemperatur (20–22° C) an einem ruhigen, geschützten Ort in der Küche fermentieren. Kontrollieren Sie nach ein paar Tagen, ob sich Schimmel (schlecht) oder Bläschen (gut) bilden und die Gärung anläuft. Besonders in den ersten vier Tagen nehmen die Milchsäurebakterien ihre Arbeit schnell auf, und Sie können ihnen sogar noch dabei zusehen!
- Nach dieser Zeit stellen Sie Ihr Ferment für 1–2 Wochen in den Kühlschrank. Hier fermentiert es noch ein bisschen weiter und wird aromatischer.
- Je nach Rezept, Gemüsesorte und Größe des Gefäßes ist Ihr Ferment jetzt fertig und kann nach 2–4 Wochen verzehrt werden. Ab Woche 2 können Sie bereits probieren – Sie entscheiden, wann es fertig ist, wenn es Ihnen gut schmeckt!
  Nota bene: Je länger Sie bis zum Verzehr warten, desto saurer wird das Ferment.

Mediterranes Sauerkraut

Normales Sauerkraut ist Ihnen zu langweilig? Dieses mediterrane Sauerkraut bringt neue Aromen und Schwung in die Küche!

Zubehör

2 Einmachgläser à 1000 ml

Zutaten

1 kg Weißkohl
1 rote Zwiebel
2–3 Knoblauchzehen
20 g Salz
1/2 TL Pfeffer, geschrotet
1 TL frische Zitronenzeste
Je ½ TL Rosmarin, Thymian, Oregano

Zubereitung

- Äußere Blätter des Weißkohls entfernen, 1–2 davon als Abdeckung aufheben. Strunk entfernen.
- Weißkohl in feine Streifen schneiden oder hobeln.
- Zwiebel in kleine Würfelchen schneiden. Knoblauch fein hacken oder mit einer Knoblauchpresse pressen.
- Kohl mit dem Salz vermengen und kneten, bis sich eine kleine Pfütze in der Schüssel bildet.
- Pfeffer, Zitronenzeste, Kräuter, Zwiebel und Knoblauch zugeben und gründlich vermischen.
- Kraut Schicht für Schicht in das Glas legen und festdrücken, sodass das Kraut mit Flüssigkeit bedeckt ist.
- So schichten, dass zum oberen Rand 2–3 Zentimeter Platz bleiben, das Kraut aber komplett mit Flüssigkeit bedeckt ist.

- Kraut mit einem Kohlblatt bedecken und mit einem Glasgewicht beschweren.
- Glas mit Inhalt und Datum beschriften und 5–7 Tage bei Raumtemperatur an einem geschützten Ort ruhen lassen.
- Danach 2–3 Wochen im Kühlschrank nachreifen lassen. Nach Ablauf der Zeit probieren. Schmeckt es Ihnen? Dann ist es fertig! Könnte es noch etwas saurer sein? Dann noch mal 1–2 Wochen reifen lassen!
- Im Kühlschrank aufbewahrt, hält es sich einige Monate.

Kimchi

Kimchi ist für Korea das, was für Deutschland das Sauerkraut ist. Das selbst gemachte Kraut wird aus verschiedenen Gemüsesorten und scharfen Gewürzen zubereitet. Eine Geschmacksoffenbarung!

Zubehör

2 Einmachgläser à 1000 ml

Zutaten

1 großer Chinakohl
2–3 große Karotten
1 mittelgroßer weißer Rettich
1 Bund Frühlingszwiebeln
20 g frischer Knoblauch
30 g frischer Ingwer
1 kleine Zwiebel
1 Apfel
20–40 g Chiliflocken
Salz

Kraut mal anders: das koreanische Kimchi

1 EL Fischsoße

2 EL Sojasoße oder Misopaste

Zubereitung

- Chinakohl in mundgerechte Stücke schneiden.
- Die Möhren und den Rettich raspeln oder stifteln und die Frühlingszwiebeln in Ringe schneiden.
- Gemüse abwiegen und mit 2 % Salz ergänzen (je Kilogramm Gemüse 20 g Salz).
- Salz vorsichtig in das Gemüse einmassieren, bis sich Zellwasser sammelt und das Gemüse im eigenen Saft steht. Bei Chinakohl geht dies meist deutlich schneller als bei Weißkohl.
- Rote Kimchipaste in einem Mixer/mit dem Pürierstab pürieren: Knoblauch, Ingwer, Zwiebel, Apfel, Chiliflocken und die Fischsoße und Sojasauce/Misopaste. Bei Bedarf etwas Wasser zugeben.
- Soße zum Gemüse geben und vermischen. Nach Bedarf mit Salz und Gewürzen abschmecken.
- Schicht für Schicht in das Glas legen und festdrücken, sodass das Gemüse mit Flüssigkeit bedeckt ist.
- Nach oben hin 2–3 Zentimeter Platz lassen. Mit einem Glasgewicht beschweren.
- Glas verschließen, mit Inhalt und Datum beschriften und 5–7 Tage bei Raumtemperatur in der Küche an einem geschützten Ort aufbewahren.
- Danach muss das Kimchi an einen kühleren Ort umziehen, am besten in den Kühlschrank. Das ist sehr wichtig, sonst wird es zu sauer (Kimchi geht sehr schnell).
- Nach 2–3 Wochen kosten.
- Im Kühlschrank aufbewahrt, hält es sich einige Monate.

Rote-Bete-Kwass

Rote-Bete-Kwass ist eine Wohltat für die Verdauung – probieren Sie täglich ein Shotglas davon und beobachten Sie, wie es sich auf Ihre Verdauung auswirkt. Wohl bekomm's!

Zubehör

2 Einmachgläser à 500 ml

Zutaten

2 kleine Rote Bete (Bio)
frischen Ingwer und/oder frischen Kurkuma nach Geschmack
20 g Salz
1 Liter Wasser

Zubereitung

- Rote Bete gründlich waschen. Nicht schälen, da auf der Schale die wichtigen Mikroben sind. In Würfelchen schneiden.
- Nach Geschmack frischen Ingwer oder frischen Kurkuma dazugeben. Damit lässt sich der erdige Geschmack der Roten Bete etwas ausgleichen.
- 2 %ige Salzlake herstellen (20 g Salz in 1 l Wasser auflösen).
- Würfelchen mit Gewürzen in die Gläser schichten.
- Mit Glasgewichten beschweren, mit Salzlake aufgießen und nach oben hin genug Platz lassen.
- Glas verschließen und mit Inhalt und Datum beschriften.
- 5–7 Tage in der Küche aufstellen, danach an einem kühleren Ort lagern (Keller, Kühlschrank).
- Nach weiteren 1–2 Wochen Kwass absieben, in eine Bügelglasflasche abfüllen und trinken. Hält gekühlt 2–4 Wochen.

Rotes Curtido

Der südamerikanische Klassiker: frisch, erdig und knackig. Durch Rote Bete und Rotkohl bekommt dieses Ferment seine feurig-saftige Farbe. Wer es etwas schärfer mag, ist bei Curtido an der richtigen Adresse. Falls es nicht scharf werden soll, einfach die Chili gegen Paprika eintauschen.

Zubehör

2 Einmachgläser à 500 ml

Zutaten

1 mittelgroßer Kopf Rotkohl
2 Rote Bete
2 große Karotten
1 große rote Zwiebel
2 Knoblauchzehen
1–2 kleine Jalapeños
Salz
1 EL Kreuzkümmel, ganz
1 EL Oregano, getrocknet
½ TL Chiliflocken
1 EL frische Limettenzeste
2–3 Lorbeerblätter

Zubereitung

- Strunk und äußere Blätter des Rotkohls entfernen (1–2 als Abdeckung aufheben).
- Kohl und Strunk in feine Streifen schneiden oder raspeln.
- Rote Bete und Karotten waschen und ebenfalls raspeln.
- Zwiebel und Knoblauchzehen waschen und kleinhacken.

- Jalapeños waschen und in kleine Würfelchen hacken. Je nach gewünschter Schärfe Samen mitverwenden.
- Gemüse und Kohl abwiegen und 2 % Salz zugeben.
- Kohl und Gemüse mit Salz vorsichtig kneten, bis sich auf dem Schüsselboden eine kleine Pfütze aus Zellwasser bildet.
- Zwiebel, Knoblauch, Jalapeños, Kräuter, Chili und Limettenzeste zugeben und vermischen.
- Lorbeerblätter unten ins Gärgefäß legen und den Rest Schicht für Schicht darüberlegen. Jede Schicht festdrücken, sodass alles unter Wasser bleibt. Nach oben hin Platz lassen.
- Oben ein Kohlblatt auflegen. Glasgewicht darauflegen und festdrücken, bis das Gemüse unter der Wasseroberfläche ist. Gegebenenfalls Zellwasser oder Salzlake zugeben.
- Glas verschließen und beschriften.
- 5–7 Tage in der Küche lagern, danach für 2–3 Wochen im Kühlschrank nachreifen lassen. Hält sich gekühlt einige Monate.

Lauchkraut

Dieses herbstliche Rezept gibt dem Kraut einen zusätzlichen Pep durch Lauch und Pfeffer. Im grünen Teil der Lauchstange steckt der zwiebelähnliche Geschmack, der weiße Teil ist milder.

Zubehör

2 Einmachgläser à 1000 ml

Zutaten

1 kg Weißkohl
1 Stange Lauch
½ TL schwarzer Pfeffer, geschrotet
Salz

Zubereitung

- Äußere Blätter des Weißkohls entfernen, 1–2 davon als Abdeckung aufheben, Strunk entfernen.
- Weißkohl in feine Streifen schneiden oder hobeln. Der Strunk kann gehobelt ebenfalls verwendet werden.
- Lauch waschen, in feine Ringe schneiden und zum Kraut geben. Die grünen Teile des Lauchs können auch verwendet werden.
- Pfeffer und 2 % Salz zugeben.
- Kohl mit dem Salz vermengen und kneten, bis sich eine kleine Pfütze in der Schüssel bildet.
- Kraut Schicht für Schicht in das Glas legen und festdrücken, sodass das Kraut mit Flüssigkeit bedeckt ist.
- So schichten, dass zum oberen Rand 2–3 Zentimeter Platz bleiben, das Kraut aber komplett mit Flüssigkeit bedeckt ist.
- Kraut mit einem Kohlblatt bedecken und mit einem Glasgewicht beschweren.
- Glas mit Inhalt und Datum beschriften.
- 5–7 Tage bei Raumtemperatur an einem geschützten Ort ruhen lassen.
- Danach 2–3 Wochen im Kühlschrank nachreifen lassen.
- Nach Ablauf der Zeit probieren. Schmeckt es Ihnen? Dann ist es fertig! Könnte es noch etwas saurer sein? Dann noch mal 1–2 Wochen reifen lassen!
- Im Kühlschrank aufbewahrt, hält sich das Kraut problemlos einige Monate.
- Eignet sich gut zu einem warmen Gericht als Salatbeilage mit etwas Oliven- oder Leinöl.

Koreanisches Rettich-Kimchi

Diese Kimchi-Variation ist ein wahres Highlight der koreanischen Küche – mit gänzlich anderem Aroma, aber garantiert eine Überraschung für alle, die sie zum ersten Mal probieren! Durch das Obst ergeben sich süß-saure Aromen. Passt gut zu Reisgerichten.

Zubehör

2 Einmachgläser à 1000 ml

Zutaten

1,5 kg weißer Rettich
Salz
4 Frühlingszwiebeln
1 kleine Zwiebel
25 g frischer Knoblauch
25 g frischer Ingwer
1–2 Äpfel oder Birnen
Chiliflocken nach Geschmack
Optional: Fischsoße, Noriflocken, Misopaste

Zubereitung

- Rettich schälen und in 2x2 Zentimeter große Stücke schneiden.
- Mit 3 TL Salz großzügig salzen und gut vermischen. 30 Minuten Wasser ziehen lassen.
- Währenddessen die anderen Zutaten vorbereiten: Frühlingszwiebeln in 1 cm breite Ringe schneiden, Zwiebel und Knoblauch schälen und grob zerkleinern.
- Ingwer waschen und hacken.

- Äpfel/Birnen aufschneiden, Kerngehäuse entfernen.
- 5–6 EL der Rettich-Flüssigkeit abmessen und separat in einer Tasse lagern. Rettichwasser mit Zwiebel, Knoblauch, Ingwer und Obst pürieren und mit Chili, Salz und Gewürzen nach Geschmack abschmecken. Es darf ruhig etwas zu scharf und würzig sein, da es sich noch mit dem Rettich mischt.
- Rettich und Frühlingszwiebeln mischen, Paste zugeben und gut vermischen. Nochmals abschmecken.
- Kimchi Schicht für Schicht in ein Einmachglas legen und festdrücken, sodass das Kraut mit Flüssigkeit bedeckt ist.
- So schichten, dass zum oberen Rand 2–3 Zentimeter Platz bleiben, das Kraut aber komplett mit Flüssigkeit bedeckt ist.
- Kraut mit einem Kohlblatt bedecken und mit einem Glasgewicht beschweren.
- Glas mit Inhalt und Datum beschriften und 5–7 Tage bei Raumtemperatur an einem geschützten Ort ruhen lassen.
- Danach 2–3 Wochen im Kühlschrank nachreifen lassen. Nach Ablauf der Zeit probieren. Schmeckt es Ihnen? Dann ist es fertig! Könnte es noch etwas saurer sein? Dann nochmal 1–2 Wochen reifen lassen!
- Im Kühlschrank aufbewahrt, hält sich das Rettich-Kimchi einige Monate.

Selbst gemachte Paprika-Salsa

Salsa mal anders – mit süß-sauren, probiotischen Akzenten können Sie so Fleischgerichte aufpeppen.

Zubehör

1 Einmachglas à 500ml

Zutaten

500 g rote Paprika
2 Jalapeños
1 Zwiebel
2 Knoblauchzehen
Salz
Optional: Kräuter wie Rosmarin oder Thymian

Zubereitung

- Paprikas und Jalapeños waschen, Stiel und Kerne entfernen. In kleine Stücke hacken.
- Zwiebel und Knoblauch schälen und in kleine Stückchen hacken.
- Alles mischen und 2 % Salz zugeben.
- Vorsichtig kneten, sodass alles mit Salz bedeckt ist, bis sich eine kleine Pfütze mit Zellwasser sammelt.
- Nach Gusto Kräuter wie Rosmarin oder Thymian zugeben (optional).
- Salsa in das Gärglas schichten und festdrücken. Mit einem Glasgewicht beschweren.
- Gegebenenfalls mit 2 % Salzlake aufgießen, bis das Gemüse unter der Wasseroberfläche liegt.
- Nach oben hin 2–3 Zentimeter Platz lassen.
- Glas verschließen und beschriften.
- Salsa für 5–7 Tage bei Raumtemperatur in der Küche lagern, danach 1–2 Wochen im Kühlschrank nachziehen lassen.
- Nach insgesamt 2–3 Wochen testen, und wenn es schmeckt, genießen!
- Im Kühlschrank hält sich die Salsa mehrere Monate.

^ Wahrlich golden: Indisch angehauchtes Sauerkraut-Ferment

Goldenes Kraut

Dieses indisch angehauchte Sauerkraut-Ferment besticht durch intensive Farben und einen hohen Gehalt an Antioxidantien dank Kurkuma, Cranberrys und Ingwer. Wem Sauerkraut zu langweilig wird, sollte unbedingt dieses Rezept ausprobieren!

Zubehör

2 Einmachgläser à 1000 ml

Zutaten

1 kleiner Weißkohl
1 kleine Karotte
Salz
3 cm Kurkumawurzel oder 1 TL Kurkumapulver
2 cm Ingwerstück
1/2 TL Fenchelsamen
10 Cranberrys
5 Pfefferkörner
1 kleine Chilischote (optional)

Zubereitung

› Die äußeren Kohlblätter entfernen und aufheben.
› Den Kohl halbieren, den Strunk entfernen und den Kohl fein hobeln.
› Die Karotte abwaschen und hobeln.
› Das Kraut und die Karotte in eine große Schüssel geben, das Salz hinzufügen und vorsichtig einmassieren. Kneten, bis Flüssigkeit austritt und der Kohl weicher wird (dauert bis zu 30 Minuten).
› Kurkuma und Ingwer waschen, in kleine Stücke schneiden.

- Cranberrys und Gewürze zum Rest geben und vermengen.
- Jetzt kann das Kohlgemisch in das Gärgefäß gefüllt werden. Dabei immer wieder vorsichtig nach unten drücken, um den Sauerstoff zu entfernen und das Austreten von zusätzlicher Flüssigkeit zu fördern.
- Schicht für Schicht in ein Einmachglas legen und festdrücken, bis das Kraut mit Flüssigkeit bedeckt ist.
- So schichten, dass zum oberen Rand 2–3 Zentimeter Platz bleiben, das Kraut aber komplett mit Flüssigkeit bedeckt halten.
- Kraut mit einem Kohlblatt bedecken und mit einem Glasgewicht beschweren.
- Glas mit Inhalt und Datum beschriften und sieben Tage bei Raumtemperatur an einem geschützten Ort ruhen lassen.
- Danach 2–3 Wochen im Kühlschrank nachreifen lassen.
- Nach Ablauf der Zeit probieren. Schmeckt es Ihnen? Dann ist es fertig! Könnte es noch etwas saurer sein? Dann noch mal 1–2 Wochen reifen lassen!
- Im Kühlschrank aufbewahrt, hält sich das Goldene Kraut einige Monate.

Fermentiertes Rucola-Pesto

Auch als Pesto können frische Kräuter fermentiert werden. Sie fallen zwar etwas ein, aber behalten ihren intensiven Geschmack.

Dieses Rezept funktioniert mit Basilikum auch gut. Durch den Rucola wird es säuerlich und scharf zugleich und bekommt durch Kräuter und Zitrone erst den letzten Pfiff. Lassen Sie die Mikroben für sich arbeiten, Sie werden überrascht sein, was für ein schönes Ergebnis Sie erhalten werden!

Zubehör

Einmachglas à 500 ml

Zutaten

200 g Rucola

2 Knoblauchzehen

1 Prise Pfeffer

½ TL Zitronenzeste

1 TL Salz

1–2 TL Olivenöl, extra nativ

Zubereitung

- Rucola waschen und grob zerkleinern, Knoblauch schälen.
- Rucola, Knoblauch, Gewürze und Salz pürieren und zu einer Paste verarbeiten. Bei Bedarf Wasser zugeben, um die Konsistenz cremiger zu gestalten.
- Pesto in das Gärglas geben, die Oberfläche mit etwas Olivenöl bedecken und mit einem Glasgewicht beschweren.
- Glas verschließen und beschriften.
- Pesto für 5–7 Tage in der Küche lagern, danach noch 1–2 Wochen im Kühlschrank ziehen lassen. Kosten, und wenn es schmeckt, genießen!
- Beim Servieren nach Wunsch mit Pinienkernen, Sonnenblumenkernen, Parmesan und Olivenöl mischen.
- Gekühlt hält sich das Pesto einige Monate.

Milchsaures Sambal

Sambal ist eine scharfe, rote Chilisoße aus Südostasien. Sie besteht in ihrer Rohform nur aus Chilis und Salz, die zu einer feinen Paste gemörsert werden. Diese Version wird durch milchsaure Fermentation noch etwas milder und erhält mehr Geschmacksnuancen. Passt gut als Soße in Wraps, in ein Thai Curry oder auf Pizza.

Zubehör

Einmachglas à 500 ml

Zutaten

250 g frische rote Chilis
1 Zwiebel
3 Knoblauchzehen
1 EL Zitronensaft
½ TL Salz

Zubereitung

- Chilis waschen, Stiel entfernen. Samen nur entfernen, wenn es nicht zu scharf werden soll.
- Zwiebel und Knoblauch schälen und beides grob zerkleinern.
- Alle Zutaten pürieren und zu einer Paste verarbeiten, bei Bedarf etwas Wasser zugeben.
- Paste in ein Glasgefäß geben.
- Nach oben hin Platz für das Glasgewicht und 3 Zentimeter Luft lassen, mit einem Glasgewicht beschweren.
- Glas mit Inhalt und Datum beschriften und sieben Tage bei Raumtemperatur an einem geschützten Ort ruhen lassen.
- Danach 2–3 Wochen im Kühlschrank nachreifen lassen. Nach Ablauf der Zeit probieren. Schmeckt es Ihnen? Dann ist es fertig! Könnte es noch etwas saurer sein? Dann noch mal 1–2 Wochen reifen lassen!
- Im Kühlschrank aufbewahrt, hält sich die Paste einige Monate.

Fermentation in Salzlake – Standardrezept

In diesem Abschnitt finden Sie das Standardrezept für die Fermentation in Salzlake – im Vergleich zur Fermentation im eigenen Saft bildet sich die Fermentationsflüssigkeit nicht aus Zellsaft, der durch das Salz und die handwerkliche Vorbearbeitung aus dem Gemüse gezogen wird, sondern hierbei arbeiten wir mit einer Salzlake. Diese Unterschiede sind marginal, aber bringen einen großen Unterschied in der mikrobiellen »Verarbeitung« des Gemüses, sie bringen ein gänzlich anderes Produkt hervor! Die Fermentation in Salzlake ist sogar noch etwas einfacher und so für Neueinsteiger ideal.

Zubehör

Schüssel

Messer

Gemüsereibe

Hobelbrettchen

Waage

Gärgefäß

Glasgewicht

Zutaten

Gemüse oder Kraut der Wahl

Salz

Vorgehensweise

› Kraut und Gemüse waschen, bis es komplett von Erde gesäubert ist. Schneiden oder hobeln Sie es in kleine Stücke.

- Geben Sie Kraut, Gemüse und Gewürze in das vorgesehene Gärgefäß. Füllen Sie das Gärgefäß mit dem Gemüse, sodass nach oben hin Platz für das Glasgewicht und 2–3 Zentimeter Luft bleibt.
- Beschweren Sie Ihr Ferment mit einem Glasgewicht. Das ist besonders wichtig und hat sich sehr bewährt. Jedes Gemüse, das oben aus der Wasseroberfläche herausschaut, kann nicht fermentiert werden (da es dafür ein anaerobes, d.h. sauerstoffarmes Milieu braucht) und kann schimmeln. Bei diesem Schritt hat es sich bewährt, besonders sorgfältig zu sein.
- Lösen Sie Salz in Wasser (30 g Salz pro Liter Wasser), um eine 3 %ige Salzlake herzustellen. Übergießen Sie das Gemüse mit der Salzlake.
- Achten Sie darauf, dass im Ferment keine Luftbläschen mehr enthalten sind.
- Zum Rand des Gefäßes sollten etwa 2–3 Zentimeter Platz belassen werden, sodass das Gefäß trotz Blubbern nicht überlaufen kann, das Gemüse nicht mit dem oberen Rand in Kontakt kommt (Schimmelgefahr) und sich auf der anderen Seite nicht zu viel Druck aufbaut.
- Gefäß auf einen Teller stellen, falls beim Schließen des Gefäßes etwas überläuft.
- Verschließen Sie das Gärglas luftdicht und idealerweise so, dass überschüssiger Druck entweichen kann. Dazu gibt es für den Hausgebrauch sogenannte Extraktor-Pumpen, welche die Luft aus dem Gärgefäß ziehen. Fairment bietet solche auch an. Das ist zwar optional (Gläser mit Bügelverschluss und ohne Druckausgleich funktionieren auch gut), macht aber die ganze Fermentation viel angenehmer, sicherer und schneller.
- Gärgefäß mit Inhalt und Datum beschriften.

Fermentation in Salzlake ist sehr unkompliziert.

- Lassen Sie Ihr Ferment 5–7 Tage bei Zimmertemperatur (20–22 °C) an einem ruhigen, geschützten Ort in der Küche fermentieren. Kontrollieren Sie nach ein paar Tagen, ob sich Schimmel (schlecht) oder Bläschen (gut) bilden und die Gärung anläuft. Besonders in den ersten vier Tagen nehmen die Milchsäurebakterien ihre Arbeit schnell auf, und Sie können ihnen sogar noch dabei zusehen!
- Nach dieser Zeit stellen Sie Ihr Ferment für 1–2 Wochen in den Kühlschrank. Hier fermentiert es noch ein bisschen weiter und wird aromatischer.
- Je nach Rezept, Gemüsesorte und Größe des Gefäßes ist Ihr Ferment jetzt fertig und kann nach 2–4 Wochen verzehrt werden.
- Ab Woche 2 können Sie bereits probieren – Sie entscheiden, wann es fertig ist, wenn es Ihnen gut schmeckt!
- Je länger Sie bis zum Verzehr warten, desto saurer wird das Ferment. Entscheiden Sie also nach Gusto, wann der beste Zeitpunkt gekommen ist.

Blumenkohl mit Kreuzkümmel

Mit einem Hauch von Indien in der Nase lässt uns dieses Ferment in die Ferne schweifen. Hier fermentieren Blumenkohlröschen mit fernöstlichen Gewürzen wie Curry und Kreuzkümmel. Dank Kreuzkümmel wird das Ganze noch leichter bekömmlich und dank Curry erhält es eine intensive Farbe! Passt gut zu Reisgerichten, Dhals und Wraps.

Zubehör

2 Einmachgläser à 1000 ml

Zutaten

1 großer Blumenkohl

1 TL Kreuzkümmel, ganz

2 TL Currypulver

½ TL Kurkuma

1 Prise Pfeffer

Salz

Zubereitung

- Äußere Blätter des Blumenkohls entfernen. Gründlich waschen.
- Strunk herausschneiden und würfeln.
- Blumenkohl in kleine Röschen zerteilen.
- Gewürze ins Gärgefäß geben und Blumenkohlstücke übereinanderschichten. Nach oben hin Platz für das Glasgewicht und 3 Zentimeter Luft lassen.
- Mit einem Glasgewicht beschweren.
- 3 %ige Salzlake herstellen (30 g Salz in 1 l Wasser) und über den Blumenkohl gießen, bis kein Blumenkohl mehr über der Wasseroberfläche ist.
- Glas mit Inhalt und Datum beschriften und zunächst einmal sieben Tage bei Raumtemperatur an einem geschützten Ort ruhen lassen.
- Danach 2–3 Wochen im Kühlschrank nachreifen lassen. Nach Ablauf der Zeit probieren. Schmeckt es Ihnen? Dann ist es fertig! Könnte es noch etwas saurer sein? Dann noch mal 1–2 Wochen reifen lassen!
- Im Kühlschrank aufbewahrt, hält sich der Kümmel-Kohl einige Monate.

Geräucherter Rosenkohl

Überraschend lecker – geräucherter, fermentierter Rosenkohl! Scharf und rauchig im Abgang, aber frisch und säuerlich beim Reinbeißen. Der Herbst kann kommen mit diesem leckeren Rezept für die delikaten Kohlköpfe im Miniaturformat. Passt zu Pellkartoffeln, Burger oder als Beilage zu deftigen Gerichten.

Zubehör

Einmachglas à 1000 ml

Zutaten

500 g Rosenkohl
2 Knoblauchzehen
½ TL Pfefferkörner
½ TL Kreuzkümmel, ganz
1 TL Chiliflocken
1 TL geräuchertes Chili- oder Paprikapulver
Salz

Zubereitung

- Rosenkohl säubern und waschen. Röschen halbieren.
- Knoblauch schälen und in feine Scheiben schneiden.
- Knoblauch, Pfeffer, Kreuzkümmel, Chili- oder Paprikapulver in das Gärgefäß geben, Rosenkohl übereinanderschichten.
- Nach oben hin Platz für das Glasgewicht und 3 Zentimeter Luft lassen.
- Mit einem Glasgewicht beschweren.
- 3%-ige Salzlake herstellen (30 g Salz in 1 l Wasser) und über den Kohl gießen, bis kein Rosenkohl mehr über der Wasseroberfläche ist.

› Glas mit Inhalt und Datum beschriften und sieben Tage bei Raumtemperatur an einem geschützten Ort ruhen lassen.
› Danach 2–3 Wochen im Kühlschrank nachreifen lassen. Nach Ablauf der Zeit probieren. Schmeckt es Ihnen? Dann ist es fertig! Könnte es noch etwas saurer sein? Dann nochmal 1–2 Wochen reifen lassen!
› Im Kühlschrank hält sich der Rosenkohl einige Monate.

Scharfer Fenchel in Salzlake

Fenchel ist schön fest und knackig und eignet sich damit auch perfekt für die Fermentation. Durch die Gärung verwandelt sich der Geschmack und erhält Zuwachs von Milliarden Mikroben! Der rosa Pfeffer gibt nicht nur Geschmack, sondern dem Ferment auch eine interessante Farbe.

Zubehör

Einmachglas à 500 ml

Zutaten

2 große Fenchelknollen
1 TL rosa Pfefferkörner
½ TL Zitronenzeste
Salz

Zubereitung

› Fenchel säubern, waschen und in mundgerechte Stücke schneiden.
› Pfeffer und Zitronenzeste unten in das Gärgefäß geben und Fenchel übereinanderschichten.
› Nach oben hin Platz für das Glasgewicht und 3 cmLuft lassen.

- Mit einem Glasgewicht beschweren.
- 3%ige Salzlake herstellen (30 g Salz in 1 l Wasser) und über den Fenchel gießen, bis kein Fenchel mehr über der Wasseroberfläche ist.
- Glas mit Inhalt und Datum beschriften und sieben Tage bei Raumtemperatur an einem geschützten Ort ruhen lassen.
- Danach 2–3 Wochen im Kühlschrank nachreifen lassen. Nach Ablauf der Zeit probieren. Schmeckt es Ihnen? Dann ist es fertig! Könnte es noch etwas saurer sein? Dann noch mal 1–2 Wochen reifen lassen!
- Im Kühlschrank aufbewahrt, hält sich das der Fenchel einige Monate.

Torshi

Torshi ist persisch und bedeutet »sauer«. Damit wird eine ganze Bandbreite von eingelegtem Gemüse aus dem Mittleren Osten bezeichnet. In diesem Rezept werden Rübchen mit etwas Rote Bete zu leuchtend pinken Stiften fermentiert. Passt gut zu Gerichten wie Döner, Falafel, Gyros, Reisgerichten und Currys.

Zubehör

Einmachglas à 1000 ml

Zutaten

500 g Speiserüben
½ Rote Bete
2 Knoblauchzehen
1 Lorbeerblatt
Salz

^ Torshi ist eine beliebte Spezialität im Vorderen Orient.

Zubereitung

- Rüben und Rote Bete säubern und gründlich waschen. In längliche Streifen à 1–1,5 Zentimeter Breite schneiden.
- Knoblauch schälen und in feine Scheiben schneiden.
- Knoblauch und Lorbeerblatt unten in das Glasgefäß legen und Gemüsesticks übereinanderschichten.
- Nach oben hin Platz für das Glasgewicht und 3 Zentimeter Luft lassen.
- Mit einem Glasgewicht beschweren.
- 3 %ige Salzlake herstellen (30 g Salz in 1 l Wasser) und über den Torshi gießen, bis kein Gemüse mehr über der Wasseroberfläche ist.
- Glas mit Inhalt und Datum beschriften und sieben Tage bei Raumtemperatur an einem geschützten Ort ruhen lassen.
- Danach 2–3 Wochen im Kühlschrank nachreifen lassen. Nach Ablauf der Zeit probieren. Schmeckt es Ihnen? Dann ist es fertig! Könnte es noch etwas saurer sein? Dann noch mal 1–2 Wochen reifen lassen!
- Im Kühlschrank aufbewahrt, hält sich der Torshi einige Monate.

Saurer Knoblauch

So gesund und lecker Knoblauch auch ist, der Geruch passt nicht jedem. Ganz anders bei fermentiertem Knoblauch. Durch den Gärprozess wird er milder im Aroma, die Geruchsbelastung nimmt ab und Sie können ihn gefahrlos in Ihr Essen einplanen.

Zubehör

Einmachglas à 500 ml

Zutaten

4–5 Knoblauch-Knollen

1 TL frischer Rosmarin

½ TL Zitronenzeste

1 Prise Pfeffer

Salz

Zubereitung

- Knoblauchzehen schälen und der Länge nach halbieren.
- Gewürze unten in das Glasgefäß legen, Knoblauchhälften darüber geben.
- Nach oben hin Platz für das Glasgewicht und 3 Zentimeter Luft lassen.
- Mit einem Glasgewicht beschweren.
- 3 %ige Salzlake herstellen (30 g Salz in 1 l Wasser) und über den Knoblauch gießen, bis nichts mehr über der Wasseroberfläche ist.
- Glas mit Inhalt und Datum beschriften und sieben Tage bei Raumtemperatur an einem geschützten Ort ruhen lassen.
- Danach 2–3 Wochen im Kühlschrank nachreifen lassen. Nach Ablauf der Zeit probieren. Schmeckt es Ihnen? Dann ist es fertig! Könnte es noch etwas saurer sein? Dann noch mal 1–2 Wochen reifen lassen!
- Im Kühlschrank aufbewahrt, hält sich der Knoblauch einige Monate.

Fermentierte Karotten

Herrlich schmeckende und selbst gemachte fermentierte Karotten sind immer willkommen. Die Fermentation dauert nur wenige Tage, Sie können Ihr Ferment also zeitnah genießen!

Prickelndes Salat-Dressing mit Salzlake

Was passiert eigentlich mit der Salzlake nach einer Fermentation? Diese ist salzig, würzig und mikrobiell angereichert – und eignet sich daher ideal zur Weiterverarbeitung in anderen Dips, Saucen und Dressings.

Diesem Honig-Senf-Dressing leiht sie ihre Würze und bringt gleich noch einen Schwung gesunder Mikroben mit. Dadurch wird das Dressing nicht nur probiotisch, sondern bleibt auch im Kühlschrank länger haltbar. Eine großartige Möglichkeit, den Rest Lake im Glas sinnvoll zu verwenden und dabei ein Dressing richtig aufzuwerten!

Zubehör

Glasgefäß à 500 ml oder eine mittelgroße Schüssel

Zutaten

1 EL Honig
1 EL Senf
2 EL Apfelessig
2 EL Olivenöl
2 EL Lake
1 Prise Salz & Pfeffer
1 kleine Knoblauchzehe, gepresst

Zubereitung

- Honig und Senf in einer Schüssel vermischen. Mit den restlichen Zutaten zu einer glatten Masse verrühren.
- Ein paar Stunden durchziehen lassen.
- Nach Belieben mit frischen Kräutern mischen und servieren.
- Das Dressing hält sich bis zu sieben Tage im Kühlschrank.

Zubehör

Einmachglas à 500 bis 750 ml

Zutaten

700 g Karotten

15 g Ingwer

35 g Salz

1 Liter Wasser

Zubereitung

- Bereits am Vortag Karotten schälen und fein hobeln.
- Ingwer schälen und in sehr kleine Würfel schneiden.
- Karotten und Ingwer mit 15 g Salz vermischen und über Nacht im Kühlschrank durchziehen lassen.
- Am nächsten Tag 20 g Salz in 1 Liter Wasser auflösen.
- Karotten in das Glasgefäß legen und festdrücken.
- Das Salzwasser über die Karotten geben, oben Platz für das Glasgewicht und 3 Zentimeter Luft lassen.
- Glasgewicht auf die Karotten legen, gut bedecken.
- Mit einem Mulltuch abdecken und Deckel nur auflegen, nicht fest verschließen.
- Die Salzlake während der gesamten Fermentationsdauer beobachten und nach Bedarf etwas Lake nachgießen.
- Das Glas vor direktem Licht schützen, gut kühl lagern. Die Karotten benötigen nur 2–4 Tage zum Fermentieren.
- Sobald das Gemüse an Farbe verliert und die Lake trüb wird, ist das fermentierte Gemüse fertig. Eventuelle Ablagerungen am Glas entfernen. Dann den Deckel schließen und im Kühlschrank lagern.
- Hält sich gekühlt einige Monate.

Oliven in Salzlake

Wie werden Oliven im Mittelmeerraum eigentlich haltbar gemacht? Genau so wie folgend beschrieben! Zugegeben, es ist etwas vereinfacht und wird nicht in Keramikgefäßen gelagert, sondern in Einmachgläsern, funktioniert aber auch. So können Sie die Oliven bis zu einem Jahr haltbar machen und aromatisch aufwerten.

Zubehör

2 Einmachgläser à 1000 ml

Zutaten

1 kg frische Oliven
100 g Salz
1 Bio-Zitrone
Optional: Kräuter und Knoblauch
Schuss Olivenöl
1 Liter Wasser

Zubereitung

› Oliven waschen. Salz mit Wasser und Saft aus einer Zitrone mischen.
› Oliven in die Glasgefäße geben und mit der Lake aufgießen.
› Nach Belieben können auch Kräuter und Knoblauch in die Lake gegeben werden.
› Mit etwas Olivenöl übergießen.
› Glas verschließen und beschriften.
› An einen kühlen und dunklen Ort stellen.
› Die Oliven sind mindestens ein Jahr haltbar.

Fermentierte Schwarzwurzel – »falscher Spargel«

Diese auch als »falscher Spargel« bezeichneten Schwarzwurzeln sind fermentiert und damit um einiges bekömmlicher als gekochte Schwarzwurzel. Wer einen sensiblen Darm hat, sollte sich langsam herantasten, da sie immer noch eine ganze Menge Ballaststoffe enthalten. Geschmacklich sehr überzeugend!

Zubehör

Einmachglas à 750 bis 1000 ml

Zutaten

400 g Schwarzwurzeln
20 ml Zitronensaft
Wasser
2 TL Salz

Zubereitung

- Schwarzwurzeln schälen und mit 100 ml kaltem Wasser mischen. Zitronensaft und Salz zugeben und gut vermengen.
- In das Glasgefäß geben, gegebenenfalls mit Salzlake aufgießen, sodass alles bedeckt ist.
- Glas mit Inhalt und Datum beschriften und 7–10 Tage bei Raumtemperatur an einem geschützten Ort ruhen lassen.
- Danach 2–3 Wochen im Kühlschrank nachreifen lassen. Nach Ablauf der Zeit probieren.
- Schmeckt es Ihnen? Dann ist es fertig! Könnte es noch etwas saurer sein? Dann noch mal 1–2 Wochen reifen lassen!
- Im Kühlschrank aufbewahrt, hält sich das Ferment einige Monate.

Fermentierte Tomaten mit Kräutern

Fermentierte Tomaten sind nicht nur gesund, sie schmecken auch richtig gut. Wie wäre es mal mit diesem Rezept als Dip oder Beilage?

Zubehör

Einmachglas à 500 ml

Zutaten

250 g Kirschtomaten, z. B. rote und gelbe
1 Knoblauchzehe
1 Handvoll frische Kräuter (z. B. Rosmarin, Thymian, Basilikum)
1 L Wasser
30 g Salz

Zubereitung

- Tomaten mit einem Zahnstocher anstechen.
- Knoblauchzehe schälen und mit den Tomaten und Kräutern in das Glas geben.
- Salzlake zubereiten.
- Tomaten mit dem Glasgewicht beschweren und mit Salzlake aufgießen, sodass zum Rand noch 2–3 Zentimeter Platz bleiben. So läuft das Glas nicht über.
- Glas verschließen und mit Inhalt und Datum beschriften.
- 5–7 Tage bei Zimmertemperatur fermentieren lassen.
- Danach können sie bereits gegessen oder bis zur Verwendung im Kühlschrank gelagert werden.
- Auf Wunsch können die Kräutertomaten püriert werden, um ein milchsaures Ketchup/Salsa zu erhalten.

Fermentierte Gurken

Fermentierte Gurken sind ein absoluter Klassiker – wenn Sie an gute Einlegegurken kommen, müssen Sie dieses Rezept auf jeden Fall ausprobieren. Es hat etwas zutiefst Zufriedenstellendes, eingelegte Gurken selbst zu fermentieren.

Zubehör

Einmachglas à 1000 ml

Zutaten

500 g Einlegegurken
1 Zwiebel
1 Bund Dill
1 TL Pfefferkörner
Salz

Zubereitung

- Gurken 1–2 Stunden in Eiswasser einlegen, damit sie noch knackiger werden.
- 3,5 %ige Salzlake herstellen (35 g Salz in 1 l Wasser).
- Gurken waschen und die Enden abschneiden, da diese sehr viele Bitterstoffe enthalten.
- Zwiebel in feine Scheiben schneiden. Dill zerkleinern. Beides mit den Pfefferkörnern unten in das Gefäß geben.
- Gurken dicht darauflegen.
- Nach oben hin Platz für das Glasgewicht und 3 Zentimeter Luft lassen.
- Mit einem Glasgewicht beschweren.
- Glas mit Inhalt und Datum beschriften und sieben Tage bei Raumtemperatur an einem geschützten Ort ruhen lassen.

^ Immer wieder gut: fermentierte Gurken

› Danach 2–3 Wochen im Kühlschrank nachreifen lassen. Nach Ablauf der Zeit probieren. Schmeckt es Ihnen? Dann ist es fertig! Könnte es noch etwas saurer sein? Dann noch mal 1–2 Wochen reifen lassen!
› Im Kühlschrank halten sich die Gurken 2–3 Monate.

Fermentiertes Leipziger Allerlei

Fermentiertes Leipziger Allerlei, im Rest der Welt als »mixed pickles« bekannt, ist eine Möglichkeit, frisches Gemüse, das Sie gerade vorrätig haben, zu fermentieren und damit zu experimentieren. Beim ersten Versuch empfiehlt es sich, sich an dem unten stehenden Rezept zu orientieren, ehe Sie auf eigene Geschmacks-Expeditionen gehen.

Zubehör

Einmachglas à 1000 ml

Zutaten

Je 300 g:
- Karotten
- Spitzkohl
- Sellerie
- Zwiebeln

3 Knoblauchzehen
Salz

Zubereitung

› Gemüse waschen, in 1 Zentimeter große Stücke schneiden. Zwiebeln und Knoblauch schälen und fein würfeln. Gemüse in das Gärglas geben.

- 3 %ige Salzlake herstellen (30 g Salz in 1 l Wasser) und über das Gemüse gießen, bis kein Gemüse mehr aus der Wasseroberfläche ragt.
- Nach oben hin Platz für das Glasgewicht und 3 Zentimeter Luft lassen.
- Mit einem Glasgewicht beschweren.
- Glas mit Inhalt und Datum beschriften und sieben Tage bei Raumtemperatur an einem geschützten Ort ruhen lassen.
- Danach 2–3 Wochen an einem kühlen Ort (Lagerraum, Kühlschrank) nachreifen lassen. Nach Ablauf der Zeit probieren. Schmeckt es Ihnen? Dann ist es fertig! Könnte es noch etwas saurer sein? Dann noch mal 1–2 Wochen reifen lassen!
- Im Kühlschrank hält sich das Ferment 2–3 Monate.

Fermentierter Ingwer

Ein sehr schnelles Rezept, das wirklich ohne Süße auskommt, dafür aber mit ordentlich Gesundheit punktet. Vorhang auf für fermentierten Ingwer. Passt gut zu Fleisch- und Reisgerichten.

Zubehör

Einmachglas à 500 ml

Zutaten

Ingwer

Salz

Gewürze (z. B. Kardamom, Fenchel, Chilischote, Pfeffer)

Zubereitung

- Ingwer schälen und in feine Scheiben schneiden.
- Chilischote kleinhacken.

- Gewürze unten in das Gärglas legen.
- Ingwer obendrauf legen und zusammendrücken.
- Mit einem Glasgewicht beschweren.
- 3 %ige Salzlake herstellen (30 g Salz in 1 l Wasser) und über den Ingwer gießen, bis nichts mehr aus der Wasseroberfläche ragt.
- Glas mit Inhalt und Datum beschriften und sieben Tage bei Raumtemperatur an einem geschützten Ort ruhen lassen.
- Danach 2–3 Wochen an einem kühlen Ort (Lagerraum, Kühlschrank) nachreifen lassen. Nach Ablauf der Zeit probieren und genießen.
- Im Kühlschrank aufbewahrt, hält sich der Ingwer einige Monate.

In Honig fermentierter Knoblauch

Der Knoblauch-Honig eignet sich hervorragend zum Glasieren von Fleisch und Geflügel oder zum Süßen bzw. Würzen von Suppen und Saucen oder im Salatdressing. Er ist unheimlich gesund und verbindet das Beste aus verschiedenen Welten. Zur Vorbeugung oder bei einer akuten Erkältung können Sie 1 EL Honig mit oder ohne Knoblauchzehe pur nehmen oder mit etwas warmem Wasser vermischen. Mit Ingwer wird es sogar noch gesünder und leckerer – Sie können alternativ geriebenen Ingwer in Honig fermentieren.

Zubehör

Einmachglas mit Schraubverschluss à 1000 ml

Zutaten

1 Glas Honig (500 g)

3 Knollen Knoblauch

Zubereitung

- Die Knoblauchzehen schälen. Die geschälten Zehen in ein Glasgefäß geben und den rohen, unbehandelten Honig darübergießen.
- Das Einmachglas verschließen und beschriften. Einmachglas nicht völlig zudrehen, es sollte nicht 100 % dicht sein.
- Die erste Woche täglich das Glas ein wenig schütteln oder drehen, um die Zehen mit Honig zu benetzen.
- Nach 1–3 Tagen steigen die ersten Bläschen auf. Der Honig wird sich verflüssigen, der Fermentationsvorgang wird mit der Zeit schwächer.
- Nach ca. 30 Tagen können die Zehen und der Honig gegessen werden. Je länger sie fermentieren, desto besser.
- **Tipp:** Funktioniert auch mit geraspeltem, frischem Ingwer – zur Immunstärkung und Vorbeugung oder Linderung viraler Infekte am besten Knoblauch und Ingwer verwenden.

Fermentiertes Obst

Auch Obst kann milchsauer vergoren werden. Als Beispiel wollen wir hier Zitronen milchsauer fermentieren. Bei der Fermentation von Obst sollten Sie etwas vorsichtiger sein als bei der Gemüse-Fermentation, da es mit Obst aufgrund des enthaltenen Fruchtzuckers deutlich schneller und intensiver gehen kann. Das Rezept bietet sich daher für Fortgeschrittene an.

Salz-Zitronen

Zubehör

Einmachglas à 1000 ml

Zutaten

6 Bio-Zitronen

Grobes Meersalz

Wasser

Zubereitung

- Zitronen waschen und der Länge nach kreuzweise einschneiden. Nicht ganz bis zum Ende schneiden, sodass sie noch vom Ende her zusammengehalten werden.
- Zitronen mit Meersalz füllen.
- Zitronen in ein Glas legen und mit dem Holzstampfer zusammenpressen, sodass der Saft der Zitronen austritt und sie bedeckt.
- Glasgewichte einlegen.
- Sollten die Zitronen nicht gänzlich bedeckt sein, mit 3 %iger Salzlake auffüllen.
- Verschließen und beschriften.
- Drei Wochen an einem kühleren Ort fermentieren lassen.

- Die Salz-Zitronen halten sich gekühlt mehrere Monate.
- Beim Servieren vorsichtig verwenden, da geschmacksintensiv, und nach Belieben mit frischen Kräutern vermischen.

Laktofermentierte Beeren

Auch Beeren können fermentiert werden. Dies geht noch einmal schneller als bei Zitronen und gibt ein überraschendes Ergebnis, unerhört lecker. Probieren Sie es aus!

Zubehör

Einmachglas à 1000 ml

Zutaten

500 g frische Blaubeeren (oder andere frische Beeren)
10 g Salz
Wasser

Zubereitung

- Blaubeeren waschen, unschöne Beeren aussortieren.
- Beeren mit Salz grob vermengen und in ein Gärglas geben.
- Mit Wasser auffüllen, sodass die Beeren knapp mit Wasser bedeckt sind.
- Mit einem Glasgewicht beschweren, verschließen und beschriften.
- 5–7 Wochen an einem ruhigen Ort in der Küche oder im Lagerraum fermentieren lassen und regelmäßig prüfen, da es in den ersten Tagen intensiv blubbert.
- Eventuell nach 2–3 Tagen Druck ablassen.
- Nach wenigen Tagen sind die Beeren bereits fertig! Im Kühlschrank lagern und zeitnah genießen.

Köstlich: Salz-Zitronen geben Gerichten eine tolle Note.

Nachwort

Liebe Leserinnen und liebe Leser, vielen Dank, dass Sie bis hierhin gelesen und sich die Zeit für dieses Buch genommen haben! Vielen Dank für Ihr Interesse, Ihre Zeit und Ihr Vertrauen!

Ich sehe meine Lebensaufgabe darin, Menschen zu zeigen, wie sie ein gesundes, glückliches und erfülltes Leben führen können. Im Nachhinein bin ich sehr froh, meinen vorprogrammierten Weg verlassen und den Weg der Selbstständigkeit gegangen zu sein, um dieser Lebensaufgabe nachzugehen und Menschen in die Eigenverantwortung für ihre Gesundheit und ihr Leben zu bringen.

Mit der »Wilden Fermentation« können Sie Ihr Leben ganz einfach gesünder und auch spannender gestalten. Denn das Fermentieren macht unheimlich viel Spaß und ist eine Möglichkeit, Ihre Ernährung noch hochwertiger zu machen, indem Sie Gemüse und andere Zutaten biologisch aufwerten – so bezeichne ich die Fermentation nämlich gern. Durch den hohen Gehalt an Mikroben und interessanten »Beistoffen« durch die Mikroben, sind Fermente eine Wohltat für Verdauung, Immunsystem, Psyche und Stoffwechsel.

Zuerst profitiert Ihr Darm – also unsere Abwehrkräfte. Der Darm gibt vor, ob und wie gut wir Nährstoffe aus der Nahrung aufnehmen – ohne einen gesunden Darm können wir uns noch so gesund ernähren, es kommt nicht viel an. Und natürlich profitiert auch Ihr Gehirn, und zwar massiv – denn über den Vagusnerv sind Darm und Gehirn direkt verbunden und beeinflussen sich gegenseitig.

Das sind die Dinge, die Sie bei regelmäßigem Genuss von Fermenten zuerst beobachten werden. Es beginnt mit der Verdauung, einem Wohlgefühl im Bauch, dann fühlt sich Ihr Stoffwechsel irgendwie »runder« an, und dann merken Sie auch noch, wie es sich auf Ihre Stimmung, die Psyche und Ihre Konzentrationsfähigkeit auswirkt. Wie ich zu Beginn des Buches sagte – ein Gewinn auf ganzer Linie!

Die Standardrezepte und die Rezepte aus dem letzten Teil des Buches können Sie übrigens mit etwas Übung abwandeln und damit experimentieren – das macht ja gerade den Reiz des Fermentierens aus, dass Sie ständig Neues entdecken und erleben.

Ich hoffe, ich konnte Ihnen mit diesem Buch die Freude und Begeisterung für Ihre eigene Gesundheit und für die »Wilde Fermentation« näherbringen – es macht unser Leben bunter, lustiger und auch gesünder. Und vielleicht ist es für Sie der Startschuss für mehr – Sie beginnen mit fermentiertem Gemüse und ehe Sie sich versehen, zaubern Sie Ihr eigenes Sauerteigbrot und brauen sich Ihren eigenen Kombucha oder Kefir!

Wenn Sie gerne weiterhin von meiner Arbeit, meinen Inhalten und Beiträgen erfahren möchten, können Sie mir gerne bei Instagram folgen (martinauerswald) oder auf meiner Website https://schnelleinfachgesund.de vorbeischauen und sich in den kostenlosen Newsletter eintragen. Dort erhalten Sie auch Zugang zu meiner großen und aktiven Community und zu vielen kostenlosen E-Books und Videokursen (unter anderem auch zu den Themen Darmgesundheit, Immunsystem und Psyche als perfekte Ergänzung zu diesem Buch).

In dem Sinne wünsche ich Ihnen alles Gute. Bleiben Sie gesund!

Martin Auerswald

Danksagung

Bevor das Buch zu Ende ist, möchte ich gerne noch ein paar Menschen von ganzem Herzen Danke sagen.

Vielen Dank an dieser Stelle an Paul Seelhorst und Leon Benedens und ihr Team, das mich mit wichtigen Tipps, Tricks und dem ein oder anderen Rezept unterstützt hat.

Danke auch an die Projektleiterinnen Nicole Janke und Ramona Imhof und meine Lektorin Ulrike Burgi für die gute Zusammenarbeit und diese Möglichkeit, zusammen die Welt mit Büchern ein wenig bunter, schöner und gesünder zu machen.

Nicht vergessen möchte ich auch meine ehemalige Deutschlehrerin, die mir immer vermittelt hat, dass ich zu lebhaft schreibe und nicht zum Punkt komme. Vielleicht hat mir gerade das den Impuls gegeben, dass ich heute meinen Lebensunterhalt mit Schreiben verdiene.

Danke an mein Team von SchnellEinfachGesund für diesen gemeinsamen Weg. Danke, dass ihr mir immer wieder aufs Neue zeigt, was mit den richtigen Menschen möglich ist, und dass das, was wir vor einigen Jahren noch als unmöglich abgetan hätten, bereits Realität ist.

Und danke an meine wundervolle Frau Maxi, die mich immer unterstützt und mir zur Seite steht. Danke für dein Vertrauen, und dass wir zusammen unseren Traum leben, die Welt zu entdecken und das schönste Leben führen dürfen! Ich liebe Dich!

Und natürlich möchte ich noch allen danken, die ebenfalls direkt und indirekt an diesem Buch und seiner Entstehung beteiligt waren, hier aber nicht namentlich genannt werden.

Literaturverzeichnis

Fisberg, M. & Machado, R. (August 2015). History of yogurt and current patterns of consumption. *National Library of Medicine (73, Supl. 1)*, S. 4–7. doi: 10.1093/nutrit/nuv020

Gao, Z., Yin, J. & Zhang, J. e. (Juli 2009). Butyrate improves insulin sensitivity and increases energy expenditure in mice. *Diabetes 58(7)*, S. 1509–1517. doi:10.2337/db08-1637

Kan, M. (2010). Did a thirst for beer spark civilization? *Independent*. Abgerufen am 15. Februar 2022 von https://www.independent.co.uk/life-style/history/did-a-thirst-for-beer-spark-civilization-1869187.html

Ozen, M. & Dinleyici, E. (2015). The history of probiotics: the untold story. *National Library of Medicine 6(2)*, S.159–165. doi:10.3920/BM2014.0103

Reigstad, C. S., Salmonson, C. E., Rainey III, J. F. & Szurszewski, J. H. (30. Dezember 2014). Gut microbes promote colonic serotonin production through an effect of short-chain fatty acids on enterochromaffin cells. *The FASEB Journal*. doi:10.1096/fj.14-259598

Wu, W., Sun, M., Chen, F., Cao, A. T., Liu, H., Zhao, Y., Cong, Y. (Juli 2017). Microbiota metabolite short-chain fatty acid acetate promotes intestinal IgA response to microbiota which is mediated by GPR43. *National Library of Medicine 10(4)*. doi: 10.1038/mi.2016.114

Żółkiewicz, J., Marzec, A., Ruszczyński, M. & Feleszko, W. (23. Juli 2020). Postbiotics-A Step Beyond Pre- and Probiotics. *National Library of Medicine 12(8)*. doi:10.3390/nu12082189

Preiswerter Helfer für Gesundheit und Schönheit

Natron ist im Haushalt ausgesprochen vielseitig einsetzbar und dabei ganz natürlich und umweltschonend. Wegen seiner Heilwirkung lässt sich das Pulver auch bei vielen gesundheitlichen Problemen anwenden – ob bei Sodbrennen, Magenschmerzen, Halsweh, Blasenentzündung oder in der Kosmetik. Dieses Buch beschreibt die Eigenschaften von Natron, gibt Tipps zur korrekten Anwendung bei gesundheitlichen Beschwerden und in der Ernährung und enthält viele Rezepturen für Bäder, Wickel, Tinkturen oder Spülungen.

Martin Auerswald
Gesund mit Natron
112 Seiten · ISBN 978-3-96859-040-0

herbig